O LIVRO DA SELVA

RUDYARD KIPLING

O LIVRO DA SELVA

Tradução
Luisa Facincani

Esta é uma publicação Principis, selo exclusivo da Ciranda Cultural
© 2020 Ciranda Cultural Editora e Distribuidora Ltda.

Traduzido do original em inglês
The jungle book

Revisão
Vânia Valente

Texto
Rudyard Kipling

Produção editorial e projeto gráfico
Ciranda Cultural

Tradução
Luisa Facincani

Imagens
Benguhan/Shutterstock.com;
Valentyna Chukhlyebova/Shutterstock.com;
alaver/Shutterstock.com;
David Rasmus/Shutterstock.com;
Belmaz/Shutterstock.com;

Preparação
Beluga Editorial

Dados Internacionais de Catalogação na Publicação (CIP) de acordo com ISBD

K57l   Kipling, Rudyard

O livro da Selva / Rudyard Kipling ; traduzido por Luisa Facincani. -
Jandira, SP : Principis, 2020.
176 p. ; 16cm x 23cm. – (Literatura Clássica Mundial)

Tradução de: The Jungle Book
Inclui índice.
ISBN: 978-65-5552-091-0

1. Literatura infantojuvenil. I. Facincani, Luisa. II. Título. III. Série.

CDD 028.5
CDU 82-93

2020-1542

Elaborado por Odilio Hilario Moreira Junior - CRB-8/9949

Índice para catálogo sistemático:
1.! Literatura infantojuvenil 028.5
2.! Literatura infantojuvenil 82-93

1ª edição em 2020
www.cirandacultural.com.br
Todos os direitos reservados.
Nenhuma parte desta publicação pode ser reproduzida, arquivada em sistema de busca
ou transmitida por qualquer meio, seja ele eletrônico, fotocópia, gravação ou outros, sem
prévia autorização do detentor dos direitos, e não pode circular encadernada ou encapada
de maneira distinta daquela em que foi publicada, ou sem que as mesmas condições sejam
impostas aos compradores subsequentes.

SUMÁRIO

Os irmãos de Mogli 7

A canção de caça da alcateia Seeonee 31

A caçada de Kaa 33

A canção de estrada dos Bandar-log 61

Tigre! Tigre! 63

A canção de Mogli 83

A foca branca 87

Lukannon 109

Rikki-tikki-tavi 111

A canção de Darzee 129

Toomai dos Elefantes 131

Shiva e o gafanhoto 153

Os servos de Sua Majestade 155

A canção de marcha dos animais do acampamento 173

Os irmãos de Mogli

Agora Rann, o milhafre[1], traz para casa a noite
Que Mang, o morcego, vai libertar
Os rebanhos estão presos em estábulos e cabanas
Pois nós estamos livres até a aurora despertar.
Essa é a hora do orgulho e do poder,
Garras e presas em festa,
Oh, escute o chamado! Boa caçada a todos
Que mantém a Lei da Selva!

A Canção da Noite na Selva

Eram sete horas de uma noite bem quente nas montanhas de Seeonee quando o Pai Lobo acordou do descanso da tarde, coçou-se, bocejou e esticou suas patas uma após a outra para se livrar da sensação de dormência nos dedos. A Mãe Loba estava deitada com seu grande nariz cinzento sobre os quatro filhotes que choravam e se mexiam, e a lua brilhava na boca da caverna onde todos eles viviam.

– Argh – disse o Pai Lobo. – É hora de caçar novamente. – Ele estava pronto para descer a montanha quando uma pequena sombra de cauda peluda cruzou a entrada e ganiu:

---

[1] Denominação usada para certas aves de rapina. (N.T.)

– Que a sorte o acompanhe, oh, Chefe dos Lobos. E que a sorte e os fortes dentes brancos acompanhem as crianças, para que elas jamais se esqueçam dos famintos neste mundo.

Era o chacal, Tabaqui, o Lambe-pratos, e os lobos da Índia desprezam Tabaqui porque ele anda por aí fazendo maldades, contando mentiras e comendo trapos e pedaços de couro da pilha de lixo da aldeia. Mas eles também têm medo dele, porque Tabaqui, mais do que qualquer um na selva, é capaz de enlouquecer. E então ele esquece que já sentiu medo de alguém e corre pela floresta mordendo tudo o que encontra no caminho. Até mesmo o tigre corre e se esconde quando o pequeno Tabaqui enlouquece, pois a loucura é a coisa mais vergonhosa que pode acontecer a uma criatura selvagem. Nós chamamos de hidrofobia[2], mas eles chamam de *dewanee,* a loucura, e fogem.

– Entre e olhe – disse o Pai Lobo de maneira severa –, mas não tem comida aqui.

– Para um lobo não – disse Tabaqui –, mas para alguém tão miserável como eu, um osso seco é um belo banquete. Quem somos nós, os Gidur-log, o povo chacal, para escolher e desprezar?

Ele correu para o fundo da caverna, onde encontrou o osso de um cervo ainda com um pouco de carne grudada nele, e sentou-se roendo alegremente a ponta.

– Muito obrigado por essa ótima refeição – ele disse, lambendo os lábios. – Que bonitas são as crianças nobres. Como são grandes seus olhos. E tão jovens também! Claro, claro, eu deveria ter me lembrado de que os filhos de reis são adultos desde o começo.

Tabaqui sabia tão bem quanto qualquer um que não há nada que traga tanto azar quanto elogiar crianças na presença delas. Ele ficou satisfeito de ver o Pai Lobo e a Mãe Loba desconfortáveis. Tabaqui sentou-se imóvel, alegrando-se com a maldade que havia feito, e então falou com malícia:

---

2   Também conhecida como raiva. (N.T.)

O LIVRO DA SELVA

– Shere Khan, o Grande, mudou seus territórios de caça. Ele vai caçar por entre essas montanhas na próxima lua, foi o que ele me disse.

Shere Khan era o tigre que vivia perto do Rio Waingunga, a pouco mais de trinta quilômetros de distância.

– Ele não tem o direito! – começou o Pai Lobo, irritado. – Pela Lei da Selva, ele não tem o direito de mudar de território sem o devido aviso. Ele vai assustar cada presa que vive em um espaço de quinze quilômetros, e eu tenho tido que caçar por dois.

– A mãe dele não o chamou de Lungri, o Manco, à toa – disse a Mãe Loba calmamente. – Ele manca de uma pata desde o nascimento. É por isso que só matou gado até hoje. Agora os habitantes de Waingunga estão irritados com Lungri, e ele veio para cá para irritar os nossos. Eles vão revirar a floresta quando ele já estiver distante, e nós e nossas crianças devemos fugir quando a grama for incendiada. Estamos, de fato, muito agradecidos ao Shere Khan!

– Devo informá-lo de sua gratidão? – perguntou Tabaqui.

– Saia! – rosnou o Pai Lobo. – Saia e cace com seu mestre. Você já causou danos demais para uma única noite.

– Estou indo – disse Tabaqui com calma. – Vocês podem ouvir Shere Khan lá embaixo na mata. Eu podia nem ter avisado vocês.

O Pai Lobo prestou atenção, e lá embaixo, no vale que acabava em um pequeno rio, ele ouviu o lamento seco, nervoso, rabugento e monótono de um tigre que não havia caçado nada e não se importava que toda a selva soubesse disso.

– Como é tolo! – disse o Pai Lobo. – Começar uma noite de trabalho com esse barulho! Ele acha que nossos cervos são como seus bois gordos de Waingunga?

– Silêncio. Não é nem boi nem cervo o que ele caça hoje à noite – disse a Mãe Loba. – É Homem.

O lamento havia mudado para um tipo de ronronar cantarolado que parecia vir de todos os lados. É o barulho que desorienta lenhadores e ciganos que dormem sob o céu aberto e faz com que eles corram, às vezes, direto para a boca do tigre.

– Homem! – disse o Pai Lobo, mostrando todos os dentes brancos. – Eca! Não há besouros e sapos o suficiente para ele comer? Precisa comer o Homem, e no nosso território?

A Lei da Selva, que nunca dá ordens sem razão, proíbe qualquer animal de comer o Homem, exceto quando ele está matando para ensinar às suas crianças como matar, e para isso ele deve caçar fora dos territórios de caça de sua matilha ou tribo. A verdadeira razão para isso é que matar homens, cedo ou tarde, significa a chegada de homens brancos em elefantes, com armas, e centenas de homens indianos com gongos, morteiros e tochas. E então todo mundo na selva sofre. O motivo que circula entre os animais é que o Homem é o mais fraco e mais indefeso de todos os seres vivos, e atacá-lo não seria uma conduta correta. Dizem também (e é verdade) que aqueles que se alimentam de Homem tornam-se sarnentos e perdem os dentes. O ronronar aumentou e terminou com um forte "Aaarh!" que o tigre faz ao atacar.

Depois veio um uivo, que não se parecia em nada com o de um tigre, de Shere Khan.

– Ele errou – disse a Mãe Loba. – O que aconteceu?

O Pai Lobo deu alguns passos e ouviu Shere Khan resmungando e murmurando de maneira selvagem enquanto tombava no matagal.

– O tolo saltou sobre a fogueira dos lenhadores e queimou o pé – disse o Pai Lobo com um grunhido. – Tabaqui está com ele.

– Algo está subindo a colina – observou a Mãe Loba, levantando uma das orelhas.

– Prepare-se.

Os arbustos se mexeram um pouco na mata e o Pai Lobo abaixou o quadril sobre as patas traseiras, pronto para saltar. Se você estivesse olhando, teria visto a coisa mais extraordinária do mundo, um lobo tentando parar o próprio ataque. Ele deu o salto antes de ver em que estava pulando e tentou parar o movimento no meio. O resultado foi que ele deu um salto no ar, com um pouco mais de um metro de altura, aterrissando quase no mesmo ponto de onde havia saltado.

– Homem! – ele esbravejou. – Um filhote de homem. Olhe!

Bem à sua frente, segurando-se em um galho baixo, estava um bebê de pele marrom, nu, que mal conseguia andar. Gorducho e com covinhas, era a coisa mais fofa que já havia entrado em uma caverna de lobos à noite. Ele olhou para o rosto do Pai Lobo e riu.

– Isso é um filhote de homem? – perguntou a Mãe Loba. – Nunca tinha visto um. Traga-o aqui.

Um lobo acostumado a mover seus próprios filhotes pode, se necessário, colocar um ovo na boca sem quebrá-lo, e ainda que as mandíbulas do Pai Lobo tivessem se fechado ao redor do pescoço da criança, nenhum dente sequer arranhou sua pele enquanto ele a colocava no meio dos filhotes.

– Tão pequeno! Tão nu… e tão corajoso! – disse a Mãe Loba suavemente. O bebê estava abrindo caminho por entre os filhotes para se aproximar do pelo quente.

– Veja só! Ele está se alimentando com os outros. Então isso é um filhote de homem. Já houve uma loba que pudesse se gabar de ter entre suas crias um filhote de homem?

– Já ouvi algo do tipo, mas nunca em nossa alcateia ou na minha época – disse o Pai Lobo. – Ele é completamente sem pelo e eu poderia matá-lo com um toque da minha pata. Mas veja, ele nos olha e não tem medo.

A luz da lua foi bloqueada na boca da caverna pela grande cabeça quadrada e pelos ombros de Shere Khan, que se enfiara na entrada. Tabaqui, atrás dele, estava guinchando:

– Meu senhor, meu senhor, ele foi por aqui!

– Que grande honra, Shere Khan – disse o Pai Lobo, mas seus olhos demonstravam raiva. – Do que Shere Khan precisa?

– Da minha presa. Um filhote de homem veio por aqui! – disse Shere Khan. – Seus pais fugiram. Dê o menino para mim.

Shere Khan havia pulado na fogueira dos lenhadores, como Pai Lobo havia dito, e estava furioso por causa da dor na pata queimada. Mas o Pai Lobo sabia que a boca da caverna era muito estreita para um tigre entrar. Mesmo de onde estava, os ombros e as patas dianteiras estavam apertados, como um homem ficaria se tentasse entrar em um barril.

– Os lobos são um povo livre – disse o Pai Lobo. – Eles obedecem às ordens do Líder da Alcateia e não de qualquer assassino de gado com listras pelo corpo. O filhote de homem é nosso, para matar se quisermos.

– Se quiser, se não quiser! Que história é essa de querer? Pelo touro que eu matei, vou ter que ficar com o focinho enfiado nesta toca de cachorros para conseguir o que é meu por direito? Sou eu, Shere Khan, quem está falando!

O rugido do tigre preencheu a caverna como um trovão. A Mãe Loba levantou-se, separando-se dos filhotes e saltou para a frente, seus olhos, como duas luas verdes na escuridão, encarando os olhos em chamas de Shere Khan.

– E sou eu, Raksha, o Demônio, que respondo! O filhote de homem é meu. Lungri, é meu. Ele não será morto. Viverá para correr com a alcateia e para caçar com a alcateia, e no final, veja bem, caçador de pequenos filhotes nus, comedor de sapos e assassino de peixes, ele caçará você! Agora suma daqui ou, pelo sambar[3] que eu matei, pois não como gado faminto, volte para sua mãe, fera queimada da selva, mais manco do que você veio ao mundo! Vá!

Pai Lobo a olhou espantado. Ele quase havia se esquecido da época em que conquistou Mãe Loba em uma luta justa contra outros cinco lobos, quando ela corria com a alcateia e não era chamada de Demônio apenas por consideração.

Shere Khan encararia o Pai Lobo, mas ele não podia lutar contra a Mãe Loba, pois sabia onde estava. Ela tinha toda a vantagem do terreno

---

3   Espécie de cervo encontrado principalmente no sudoeste asiático. (N. T.)

O Livro da Selva

e lutaria até a morte. Então saiu da boca da caverna rosnando e, quando já estava lá fora, gritou:

– Cada cachorro late em seu próprio quintal! Vamos ver o que a alcateia dirá sobre essa adoção de filhotes de homem. O filhote é meu e para minha boca ele virá no final, oh, ladrões de cauda peluda!

A Mãe Loba se jogou ofegante por entre os filhotes, e o Pai Lobo lhe disse seriamente:

– É verdade o que Shere Khan disse. O filhote terá que ser mostrado à alcateia. Você ainda vai querer ficar com ele, Mãe?

– Ficar com ele?! – ela arfou. – Ele veio nu, à noite, sozinho e com muita fome, ainda assim ele não teve medo! Olhe, ele já até empurrou um dos meus bebês para o lado. E aquele carniceiro manco o teria matado e fugido para Waingunga enquanto os habitantes da aldeia caçariam todas as nossas tocas buscando vingança. Ficar com ele? Com certeza ficaremos. Deite-se, sapinho. Oh, Mogli (pois de Mogli, o sapo, irei lhe chamar), chegará o dia em que você caçará Shere Khan assim como ele caçou você.

– Mas o que a alcateia vai dizer? – perguntou o Pai Lobo.

A Lei da Selva deixa muito claro que qualquer lobo pode, quando casar, deixar a alcateia à qual pertence. Mas, assim que seus filhotes tiverem idade suficiente para ficar de pé, ele deve levá-los ao Conselho da Alcateia, que ocorre geralmente uma vez por mês, na lua cheia, para que os outros lobos possam identificá-los. Após a inspeção, os filhotes estão livres para correr onde quiserem, e até que eles tenham matado o seu primeiro cervo, nenhuma desculpa é aceita caso um lobo adulto da alcateia mate um deles. A punição é a morte, se o assassino puder ser encontrado. E se você pensar sobre isso por um minuto, verá que é assim que tem que ser.

Pai Lobo esperou até que seus filhotes pudessem correr um pouco e então, na noite do Conselho da Alcateia, ele levou os filhotes, Mogli e a Mãe Lobo à Pedra do Conselho, uma colina coberta com pedras e rochas onde centenas de lobos podiam se esconder. Akela, o grande

Lobo Solitário cinzento, que liderava toda a alcateia por causa de sua força e inteligência, deitou-se esparramado em sua pedra e abaixo dele sentaram-se quarenta ou mais lobos de todos os tamanhos e cores: de veteranos com cores semelhantes à de texugos, que podiam matar um cervo sozinhos, até lobos de 3 anos de idade com pelagem preta, que pensavam que podiam. O Lobo Solitário já os liderava fazia um ano. Ele havia caído duas vezes em uma armadilha de lobos na juventude, e uma vez havia apanhado e fora deixado para morrer, então ele conhecia os modos e costumes dos homens. Havia pouca conversa na Pedra. Os filhotes tropeçavam uns nos outros no centro do círculo onde mães e pais estavam sentados, e de vez em quando um lobo veterano ia silenciosamente até um filhote, olhava-o com cuidado e retornava ao seu lugar sem fazer barulho algum com os pés. Às vezes, uma mãe empurrava seu filhote em direção à luz da lua para garantir que ele não havia sido ignorado.

Akela bradou de sua pedra:

– Vocês conhecem a Lei, vocês conhecem a Lei. Olhem bem, oh, lobos!

E as mães ansiosas repetiam o chamado:

– Olhem, olhem bem, oh, lobos!

Por fim, os pelos do pescoço da Mãe Loba se eriçaram quando a hora chegou. Pai Lobo empurrou "Mogli, o sapo", como o chamavam, até o centro, onde ele sentou-se, rindo e brincando com algumas pedrinhas que brilhavam ao luar. Akela nunca levantava a cabeça das patas e continuou com o aviso monótono:

– Olhem bem!

Um rugido abafado veio de trás das pedras, era a voz de Shere Khan que gritava:

– O filhote é meu. Deem-no para mim. O que o Povo Livre tem a ver com um filhote de homem?

Akela nem mesmo mexia as orelhas. Tudo o que ele disse foi:

O Livro da Selva

– Olhem bem, oh, lobos! O que o Povo Livre tem a ver com ordens que não são as do Povo Livre? Olhem bem!

Houve um coro de rosnados intensos, e um jovem lobo de 4 anos de idade fez a pergunta de Shere Khan para Akela:

– O que o Povo Livre tem a ver com um filhote de homem?

A Lei da Selva estabelece que se há alguma dúvida quanto ao direito de um filhote de ser aceito pela alcateia, ele deve ser defendido por pelo menos dois membros da alcateia que não sejam seu pai e sua mãe.

– Quem fala pelo filhote? – perguntou Akela. – Entre o Povo Livre, quem fala?

Não houve resposta e a Mãe Loba se preparou para o que ela sabia que seria sua última luta, se as coisas chegassem a esse ponto. Então, a única outra criatura que tem permissão no Conselho da Alcateia, Balu, o urso-pardo dorminhoco que ensina a Lei da Selva para os filhotes de lobo, o velho Balu que podia ir para e vir de onde quisesse porque só comia nozes, raízes e mel, ficou sobre as patas traseiras e grunhiu.

– O filhote de homem… o filhote de homem? – ele perguntou. – Eu falo pelo filhote de homem. O filhote de homem não causa mal algum. Não tenho o dom das palavras, mas falo a verdade. Deixe que ele corra com a alcateia e seja introduzido com os outros. Eu mesmo vou ensiná-lo.

– Ainda precisamos de outro – disse Akela. – Balu falou, e ele é o professor dos nossos filhotes. Quem fala além do Balu?

Uma sombra caiu sobre o círculo. Era Baguera, a pantera-negra cuja pelagem era preta igual nanquim, mas com as marcas típicas de pantera aparecendo de acordo com a luz, como uma seda molhada. Todos conheciam Baguera e ninguém ousava cruzar seu caminho, pois ele era esperto como Tabaqui, corajoso como um búfalo selvagem, e inconsequente como um elefante machucado. No entanto, ele tinha uma voz suave como mel silvestre gotejando de uma árvore e uma pele macia como penugem.

– Oh, Akela, e vocês, Povo Livre – ele ronronou –, eu não tenho nenhum direito nessa assembleia, mas a Lei da Selva diz que se há uma dúvida que não é questão de morte em relação ao novo filhote, a vida dele pode ser comprada por um preço. E a Lei não diz quem pode ou não pode pagar esse preço. Estou certo?

– Muito bem! Muito bem! – disseram os jovens lobos, que estão sempre famintos.

– Ouçam Baguera. O filhote pode ser comprado por um preço. É a Lei.

– Sabendo que não tenho nenhum direito de falar aqui, solicito sua permissão.

– Fale então – disseram vinte vozes.

– Matar um filhote nu é uma vergonha. Além disso, ele talvez seja mais interessante para vocês quando crescer. Balu falou em seu nome. Agora, vou adicionar à palavra de Balu um touro, gordo, recém-caçado, que está a menos de um quilômetro daqui, se vocês aceitarem o filhote de homem de acordo com a Lei. Seria difícil?

Houve um clamor de vozes dizendo:

– O que importa? Ele morrerá nas chuvas de inverno. Ele se queimará no sol. Que mal pode um sapo pelado nos fazer? Deixe que ele corra com a alcateia. Onde está o touro, Baguera? Deixe que ele seja aceito.

E então Akela ladrou de novo, dizendo:

– Olhem bem, olhem bem, oh, lobos!

Mogli ainda estava muito interessado nas pedrinhas e nem percebeu quando os lobos vieram olhá-lo, um por um. No fim, todos desceram a colina para procurar o touro morto. Somente Akela, Baguera, Balu e os próprios lobos de Mogli ficaram para trás.

Shere Khan ainda ficou rugindo na noite, já que estava muito irritado porque Mogli não havia sido entregue a ele.

– Ei, ruja muito – disse Baguera, sob seus bigodes –, pois chegará o tempo em que essa criança fará você rugir em outro tom, ou eu não sei nada sobre os homens.

– Melhor assim – disse Akela. – Os homens e seus filhotes são muito inteligentes. Ele pode ser de grande ajuda mais para a frente.

– Verdade, uma ajuda em tempos de necessidade, pois ninguém espera liderar a alcateia para sempre – disse Baguera.

Akela não disse nada. Ele estava pensando no momento que chega para todos os líderes de todos os bandos, quando sua força se esvai e ele fica cada vez mais fraco, até ser morto pelos lobos e, então, um novo líder surge, para ser morto na sua vez.

– Leve-o – disse o Pai Lobo – e treine-o como um membro do Povo Livre.

E foi assim que Mogli entrou para a alcateia de Seeonee, pelo preço de um touro e das palavras de Balu. Agora você deve aceitar pular dez ou onze anos e apenas imaginar tudo sobre a maravilhosa vida que Mogli levou entre os lobos, porque se ela fosse escrita, preencheria muitos livros. Ele cresceu com os filhotes, ainda que fossem adultos antes de ele se tornar uma criança. E Pai Lobo ensinou-lhe sobre seu trabalho e o significado das coisas na selva, até que cada farfalhar da grama, cada sopro do ar quente da noite, cada nota das corujas acima da sua cabeça, cada arranhão das garras dos morcegos nas árvores enquanto ficam empoleirados, cada respingo de cada peixe pequeno ao pular em um lago significasse para ele o mesmo que o trabalho em um escritório significa para um executivo. Quando não estava aprendendo sobre algo, ele se sentava ao sol e dormia, comia e dormia novamente.

Quando se sentia sujo ou com calor, nadava nas lagoas da floresta, e quando queria mel (Balu o havia ensinado que mel e nozes eram tão gostosos de se comer quanto carne crua), ele escalava as árvores, e isso Baguera lhe havia ensinado. Baguera deitava em um galho e o chamava:

– Venha, irmãozinho – e de início Mogli escalava feito uma preguiça, mas depois se lançava nos galhos de maneira tão ousada quanto o macaco cinza. Também ocupou um lugar na Pedra do Conselho quando a alcateia se encontrava, e ele descobriu que se encarasse qualquer lobo, este seria forçado a baixar os olhos; então ele costumava encarar apenas por diversão.

Em outros momentos ele tirava os espinhos das patas dos seus amigos, porque lobos sofrem muito com espinhos e carrapichos nos seus pelos. Ele descia a montanha até as terras cultivadas à noite, e olhava curioso para os habitantes da aldeia, mas ele não confiava nos homens porque Baguera mostrou-lhe uma caixa quadrada com uma portinhola suspensa, tão ardilosamente escondida que ele quase entrou nela. Baguera lhe disse que aquilo era uma armadilha. Ele amava mais que tudo entrar com Baguera no coração quente e escuro da floresta, dormir o dia todo, e à noite ver como a pantera caçava. Baguera matava qualquer coisa quando estava com fome, e Mogli também, com uma única exceção. Quando tinha idade o suficiente para entender as coisas, Baguera lhe contou que ele nunca deveria tocar o gado, pois ele havia sido aceito na alcateia pelo preço de um touro.

– Toda a selva é sua – disse Baguera –, e você pode matar tudo aquilo que tiver força para matar, mas por respeito ao touro usado para pagar você, não deve nunca matar ou comer qualquer gado, jovem ou velho. Essa é a Lei da Selva.

Mogli obedecia de maneira fiel. E ele cresceu forte como um menino deve crescer, sem saber que estava aprendendo algumas lições e sem pensar em nada além de algo para comer. Mãe Loba disse algumas vezes que Shere Khan não era uma criatura confiável, e que algum dia ele deveria matar Shere Khan. Mas, ao contrário de um jovem lobo que se lembraria desse conselho a cada hora, Mogli o esqueceu porque era apenas um menino, embora teria se chamado de lobo se soubesse falar alguma língua humana.

Shere Khan sempre cruzava o seu caminho na selva. Enquanto Akela ficava mais velho e mais fraco, o tigre manco havia se tornado muito amigo dos jovens lobos, que o seguiam atrás de restos de comida, algo que Akela nunca teria permitido se ousasse aplicar sua autoridade até os limites apropriados. Então Shere Khan os bajularia e perguntaria se

O Livro da Selva

os nobres e jovens caçadores gostavam de ser liderados por um lobo moribundo e um filhote de homem.

– Eles dizem – Shere Khan comentava – que no Conselho vocês não ousam olhá-lo entre os olhos.

E os jovens lobos rugiam e ficavam de pelo eriçado. Baguera, que tinha olhos e ouvidos em todos os lugares, sabia algo sobre isso, e uma ou duas vezes disse a Mogli de maneira clara que Shere Khan o mataria um dia. Mogli ria e respondia:

– Eu tenho a alcateia e tenho você, e Balu. Mesmo sendo preguiçoso, ele pode acertar um soco ou dois em minha defesa. Por que eu deveria ter medo?

Era um dia quente quando a ideia surgiu para Baguera, nascida de algo que ele havia ouvido. Talvez Ikki, o porco-espinho, tenha lhe contado. Baguera disse a Mogli quando estavam mergulhados na selva e o menino descansava a cabeça sobre o maravilhoso pelo negro de Baguera:

– Irmãozinho, quantas vezes eu já lhe disse que Shere Khan é seu inimigo?

– O mesmo tanto que há de nozes naquela árvore – disse Mogli, que naturalmente não sabia contar. – O que tem? Estou com sono, Baguera, e Shere Khan é só uma longa cauda que fala alto demais, assim como Mao, o pavão.

– Não é hora de dormir. Balu sabe disso, eu sei disso, a alcateia sabe disso, e até o mais tolo dos cervos sabe disso. Tabaqui também já lhe disse isso.

– Ha! Ha! – disse Mogli. – Uns dias atrás, Tabaqui veio com uma conversa grosseira dizendo que eu era um filhote de homem, pelado, que não servia nem para pegar castanhas. Mas peguei Tabaqui pela cauda e o lancei duas vezes contra uma palmeira para ensiná-lo a ter boas maneiras.

– Isso foi uma tolice, porque mesmo Tabaqui gostando de arrumar encrenca, ele talvez queira lhe contar algo que seja do seu interesse.

Abra os olhos, irmãozinho. Shere Khan não ousa matar você na selva. Mas lembre-se, Akela está muito velho, e logo chegará o dia em que ele não conseguirá mais matar cervos, e então não será mais o líder. Muitos dos lobos que olharam por você quando foi trazido ao Conselho também estão velhos, e os jovens lobos acreditam, como Shere Khan os ensinou, que um filhote de homem não tem lugar na alcateia. Em pouco tempo você será um homem.

– E adianta ser um homem se ele não pode correr com seus irmãos? – disse Mogli. – Eu nasci na selva. Eu obedeci a Lei da Selva, e não há nenhum lobo da nossa matilha de quem eu não tenha tirado um espinho das patas. Eles são, sem dúvida, meus irmãos!

Baguera se espreguiçou por completo e semicerrou os olhos.

– Irmãozinho – disse a pantera –, coloque a mão embaixo da minha mandíbula.

Mogli posicionou a mão forte e morena embaixo do queixo sedoso de Baguera e, onde os músculos robustos estavam todos escondidos sob o pelo grosso, havia uma pequena parte sem pelos.

– Não há ninguém na selva que sabe que eu, Baguera, carrego esta marca: a marca da coleira. Eu nasci entre os homens, irmãozinho, e foi entre os homens que minha mãe morreu, nas jaulas do palácio do rei em Oodeypore. Foi por isso que paguei o preço por você no Conselho quando você ainda era um filhote nu. Sim, eu também nasci entre os homens. Eu nunca tinha visto a selva. Eles me alimentavam por entre as barras com uma panela de ferro, até que, em uma noite, senti que era Baguera, a pantera, e não um brinquedo dos homens, quebrei o cadeado com um único golpe da minha pata e fugi. E porque conheço o jeito dos homens, me tornei mais temido na selva do que Shere Khan. Não é mesmo?

– Sim – disse Mogli –, toda a selva teme Baguera, todos, menos Mogli.

– Você é mesmo um filhote de homem – disse a pantera-negra com ternura. – E assim como eu retornei para minha selva, você também

O Livro da Selva

deve retornar para os homens no fim, para os homens que são seus irmãos. Isso se você não for assassinado no Conselho.

– Mas por quê? Por que alguém desejaria me matar? – perguntou Mogli.

– Olhe para mim – disse Baguera. E Mogli olhou diretamente nos olhos dele. A grande pantera desviou o olhar com rapidez. – É por isso – ele disse, mexendo as folhas com as patas.

– Nem mesmo eu consigo olhar nos seus olhos, e eu nasci entre os homens. Eu amo você, irmãozinho. Os outros odeiam você porque os olhos deles não podem encarar os seus, porque você é esperto, porque você tirou espinhos das patas deles e porque você é um homem.

– Eu não sabia dessas coisas – disse Mogli, amuado, e torceu o nariz sob as grossas sobrancelhas pretas.

– Qual é a Lei da Selva? Ataque primeiro e fale depois. É por causa do seu descuido que eles sabem que você é um homem. Mas seja esperto. Tenho por mim que quando Akela falhar em sua próxima caçada, e a cada caçada ele tem mais dificuldade em imobilizar o cervo, a alcateia vai se virar contra ele e contra você. Eles organizarão um Conselho da Selva na Pedra, e então... então, já sei! – disse Baguera, levantando-se. – Desça rapidamente até as cabanas dos homens no vale, e pegue algumas Flores Vermelhas que eles cultivam lá. Assim, quando o momento chegar, você terá um amigo ainda mais forte que eu ou o Balu ou aqueles da alcateia que amam você. Pegue a Flor Vermelha.

Com Flor Vermelha Baguera queria dizer fogo, mas nenhuma criatura na selva chamava o fogo pelo seu nome correto. Todo animal tinha medo dele e inventava vários jeitos de descrevê-lo.

– A Flor Vermelha? – perguntou Mogli. – Que cresce na parte de fora das cabanas durante o entardecer? Vou pegá-la.

– É assim que fala um filhote de homem – disse Baguera orgulhoso. – Lembre-se de que ela cresce em pequenos potes. Pegue uma depressa e a mantenha com você para um momento de necessidade.

– Tudo bem! – disse Mogli. – Eu vou. Mas você tem certeza, Baguera? – perguntou passando o braço ao redor do pescoço da pantera e olhando no fundo dos seus olhos – Tem certeza de que tudo isso é obra do Shere Khan?

– Pelo cadeado quebrado que me libertou, tenho certeza, irmãozinho.

– Então, pelo touro que me comprou, farei Shere Khan pagar por tudo isso e talvez mais um pouco – disse Mogli, dando pequenos saltos no ar.

– Isso é um homem. Isso é ser muito um homem – disse Baguera para si mesmo, deitando-se novamente. – Ah, Shere Khan, nunca houve uma caçada tão malsucedida quanto a desse sapo dez anos atrás!

Mogli estava cada vez mais distante na floresta, correndo muito, e seu coração queimava no peito. Ele chegou à caverna quando a névoa da noite aumentava, respirou fundo e olhou para o vale abaixo. Os filhotes estavam fora de casa, mas Mãe Loba, no fundo da caverna, sabia pela sua respiração que algo estava incomodando o seu sapinho.

– O que foi, meu filho? – ela perguntou.

– Uma conversa entre morcegos a respeito de Shere Khan – ele respondeu. – Vou caçar entre os campos arados esta noite. – E desceu por entre a mata até o riacho na parte de baixo do vale. Parou ali, pois ouviu a gritaria da alcateia caçando, o grito de um sambar que virou presa e a respiração de um cervo na baía. E então escutou-se os maldosos e amargos uivos dos jovens lobos:

– Akela! Akela! Deixe o Lobo Solitário mostrar sua força. Abram espaço para o líder da alcateia! Dê o bote, Akela!

O Lobo Solitário deve ter atacado e errado o alvo, pois Mogli ouviu o estalar dos dentes e então um ganido quando o sambar o atingiu com o pé. Ele não esperou mais e saiu em disparada. Os gritos foram ficando mais fracos conforme corria em direção às terras de cultivo onde os habitantes da aldeia viviam.

O Livro da Selva

– Baguera falou a verdade – disse ofegante, enquanto se escondia em meio à forragem do gado perto da janela de uma cabana. – Amanhã será um dia importante para Akela e para mim.

E então, colocou o rosto próximo à janela e observou o fogo na lareira. Ele viu a esposa do fazendeiro levantar-se e alimentar a chama da noite com um carvão preto. E quando a manhã veio e as neblinas eram brancas e frias, ele viu o filho do homem pegar um cesto de vime revestido de barro, enchê-lo com os pedaços de carvão em brasa, cobri-los com uma coberta e sair para cuidar das vacas no estábulo.

– É só isso? – indagou Mogli. – Se um filhote pode fazer, não há o que temer.

Então, deu a volta na casa e encontrou o menino, tirou o cesto de suas mãos, e desapareceu dentro da neblina enquanto o menino choramingava de medo.

– Eles parecem muito comigo – pensou Mogli, assoprando dentro do cesto igual ele havia visto a mulher fazer. – Essa coisa vai morrer se eu não a alimentar – e jogou gravetos e cascas na brasa.

No meio da escalada na colina encontrou Baguera com o orvalho da manhã brilhando como cristal em seu pelo.

– Akela falhou na caçada – disse a pantera. – Eles o teriam matado ontem à noite, mas precisavam da sua presença também. Estavam procurando por você na montanha.

– Eu estava entre as plantações. Estou pronto. Veja!

Mogli levantou o pote de fogo.

– Ótimo!

– Eu vi os homens jogarem galhos secos dentro dessa coisa, e a Flor Vermelha floresceu depois disso.

– Você não teve medo?

– Não. Por que deveria? Eu me lembro agora, se não for um sonho, de que, antes de me tornar um lobo, eu deitei perto da Flor Vermelha e era quente e agradável.

Durante o dia todo, Mogli ficou sentado na caverna alimentando o pote de fogo, jogando galhos secos dentro dele para ver o que aconteceria. Ele encontrou um galho que o agradou e, naquela tarde, quando Tabaqui veio à caverna e o avisou rudemente que sua presença era requisitada na Pedra do Conselho, ele riu até Tabaqui fugir. E então Mogli foi até o Conselho, ainda rindo. Akela, o Lobo Solitário, estava deitado ao lado de sua pedra como um sinal de que a liderança da alcateia estava em aberto, e Shere Khan, com seus discípulos comedores de migalhas, andava para lá e para cá sendo bajulado. Baguera estava deitado perto de Mogli e o pote de fogo estava entre os joelhos do garoto. Quando todos se reuniram, Shere Khan começou a falar, algo que ele nunca teria coragem de fazer quando Akela estava no auge.

– Ele não tem o direito – sussurrou Baguera. – Diga isso. Ele é filho de cachorro. Vai ficar apavorado.

Mogli levantou-se em um pulo.

– Povo Livre – ele disse –, Shere Khan lidera a alcateia? O que um tigre tem a ver com nossa liderança?

– Vendo que a liderança ainda está aberta, e sendo convidado a falar… – começou Shere Khan.

– Por quem? – perguntou Mogli. – Somos todos chacais para bajular esse abatedor de gado? A liderança da alcateia pertence somente à alcateia.

Houve alguns gritos de "Silêncio, filhote de homem!" e "Deixem--no falar, ele seguiu a nossa Lei!", e por fim, os veteranos da alcateia bradaram assim:

– Deixe o Lobo Morto falar.

Quando o líder da alcateia erra o bote, ele é chamado de Lobo Morto enquanto viver, o que não é muito. Akela levantou a cabeça, cansado:

– Povo Livre, e vocês também, chacais de Shere Khan! Por doze estações eu liderei vocês na caça e os protegi. Nesse período, nenhum caiu em armadilhas ou ficou ferido. Agora eu falhei. Vocês sabem como esta trama foi criada. Vocês sabem como me trouxeram um cervo arisco para expor a minha fraqueza. Foi muito bem elaborada. É direito de vocês me matar aqui na Pedra do Conselho agora. Sendo assim, eu pergunto: quem vem colocar um fim na vida do Lobo Solitário? Pois é meu direito, pela Lei da Selva, que vocês venham um por um.

Houve um longo silêncio, já que nenhum lobo queria lutar com Akela até a morte. Então Shere Khan rugiu:

– Bah! O que temos a ver com esse tolo desdentado? Ele está condenado à morte. É o filhote de homem quem viveu demais. Povo Livre, ele era minha carne desde o início. Deem ele para mim. Estou cansado dessa estupidez de homem-lobo. Ele trouxe problemas para a selva por dez estações. Entreguem-me o filhote de homem ou caçarei aqui sempre e não darei nenhum osso a vocês. Ele é um homem, um filho de homem, e eu o odeio com toda a força do meu ser!

E então mais da metade da alcateia gritou:

– Um homem! Um homem! O que um homem tem a ver conosco? Deixe que ele vá para o seu próprio lugar.

– E virar todas as pessoas das aldeias contra nós? – Shere Khan clamou. – Não, deem ele para mim. É um homem, e nenhum de nós pode olhá-lo nos olhos.

Akela levantou a cabeça novamente e disse:

– Ele comeu da nossa comida. Dormiu conosco. Trouxe-nos caça. Ele não quebrou nenhuma regra da Lei da Selva.

– Além disso, paguei por ele com um touro quando ele foi aceito. O valor de um touro é baixo, mas a honra de Baguera é algo pelo qual talvez ele lute – disse Baguera com uma voz gentil.

– Um touro pago há dez anos! – a alcateia rosnou. – Quem se importa com ossos de dez anos atrás?

– Ou com uma promessa? – perguntou Baguera, mostrando os dentes brancos. – E são chamados de Povo Livre!

– Nenhum filhote de homem pode correr com o Povo da Selva! – gritou Shere Khan. – Deem-no para mim.

– Ele é nosso irmão apesar de não ter nosso sangue – Akela continuou –, e vocês o matariam aqui! Na verdade, eu vivi demais. Alguns de vocês são comedores de gado, e outros, pelo que ouvi, aprendendo com Shere Khan, saem na noite escura e roubam crianças na porta da casa dos aldeões. Portanto, vejo que são covardes e com covardes eu falo. É inevitável que devo morrer, e que minha vida não tem valor, ou eu me ofereceria no lugar do filhote de homem. Mas pelo bem da honra da alcateia (uma pequena questão que por estarem sem líder vocês esqueceram) eu prometo que se vocês deixarem o filhote de homem ir para o seu próprio lugar, eu não vou, quando meu tempo chegar, mostrar nenhum dente a vocês. Eu morrerei sem lutar. Isso poupará pelo menos três vidas da alcateia. Mais que isso não posso fazer, mas se vocês quiserem, posso salvá-los da vergonha de matar um irmão contra quem não há acusações. Um irmão que foi defendido e trazido à alcateia de acordo com a Lei da Selva.

– Ele é um homem, um homem, um homem – rosnou a alcateia. E a maioria dos lobos começou a se reunir ao redor de Shere Khan, cuja cauda começava a se mexer.

– Agora a situação está em suas mãos – disse Baguera para Mogli. – Não podemos fazer nada além de lutar.

Mogli se ergueu, com o pote de fogo nas mãos. Ele se espreguiçou e bocejou na frente do Conselho, mas por dentro estava furioso, triste e com raiva, pois, seguindo o costume dos lobos, eles não haviam lhe dito o quanto o odiavam.

– Escutem! - ele disse. – Não precisam tagarelar igual cachorro. Vocês me disseram tantas vezes esta noite que sou um homem (e eu teria sido um lobo com vocês até o fim da minha vida) que tomo suas palavras como verdadeiras. Então não os chamo mais de meus irmãos, mas de *sag*, cachorros, como um homem chamaria. O que vão ou não vão fazer, não cabe a vocês dizer. A questão é minha, e para que possamos vê-la de maneira clara, eu, o homem, trouxe uma pequena Flor Vermelha que vocês, cachorros, temem.

Ele arremessou o pote de fogo no chão e alguns carvões em brasa queimaram um tufo de musgo seco, enquanto o Conselho recuava horrorizado diante das chamas que saltavam. Mogli colocou o galho seco no fogo até os gravetos acenderem e estalarem, e o balançou acima da cabeça entre os lobos amedrontados.

– Você é o mestre – disse Baguera em voz baixa. – Salve Akela da morte. Ele sempre foi seu amigo.

Akela, o implacável e velho lobo que nunca havia pedido misericórdia na vida, lançou um olhar patético para Mogli, que estava nu por completo, seus longos cabelos negros jogados sobre os ombros à luz do galho que queimava fazendo as sombras pular e tremer.

– Ótimo – disse Mogli, olhando ao redor com calma. – Vejo que vocês são cachorros. Eu vou voltar para o meu próprio povo, se é que eles são o meu povo. A selva se fechou para mim, e devo esquecer nossas conversas e nosso companheirismo. Mas terei mais misericórdia do que vocês. Porque fui irmão de vocês em tudo, exceto no sangue, e prometo que quando eu for um homem entre os homens, não os trairei como vocês me traíram.

Ele chutou o fogo com o pé e as faíscas voaram.

– Não deve haver nenhuma guerra entre nós da alcateia, mas aqui está uma dívida a ser paga antes que eu me vá. – Caminhou em direção ao local onde Shere Khan estava sentado. O tigre piscava de maneira estúpida para as chamas, e Mogli o pegou pelo tufo de pelo do queixo. Baguera o seguiu, caso acontecesse algum acidente.

– Levante-se, cachorro! – Mogli ordenou. – Levante-se quando um homem fala ou então coloco fogo nesse pelo!

As orelhas de Shere Khan abaixaram-se e ele fechou os olhos, pois o galho em chamas estava muito próximo.

– Este matador de gado disse que me mataria no Conselho pois não me matou quando eu era um filhote. E é assim que nós batemos em cachorros quando somos homens. Mexa um só fio do bigode, Lungri, e eu enfio a Flor Vermelha goela abaixo!

Ele bateu com o galho na cabeça de Shere Khan e o tigre choramingou de agonia e medo.

– Pah! Vá agora, gato chamuscado e selvagem! Mas lembre-se de que a próxima vez que eu vir à Pedra do Conselho, e virei como homem, será com a pele de Shere Khan na cabeça. Quanto ao resto, Akela será livre para viver como deseja. Vocês não o matarão, porque essa não é a minha vontade. Nem ficarão sentados aqui por mais tempo, com a língua de fora como se fossem importantes em vez de cachorros que eu expulso assim. Fora!

O fogo queimava furiosamente na ponta do galho, Mogli o balançou de um lado para o outro no círculo e os lobos saíram correndo, uivando, enquanto as centelhas queimavam seu pelo. No fim, restavam apenas Akela, Baguera e talvez dez lobos que haviam ficado do lado de Mogli. E então alguma coisa começou a doer dentro dele como nunca havia doído nesta vida. Mogli respirou fundo e soluçou, e as lágrimas escorreram pelo rosto.

– O que é isso? O que é isso? – ele perguntou. – Eu não quero deixar a selva, e eu não sei o que é isso. Estou morrendo, Baguera?

– Não, irmãozinho. Isso são apenas lágrimas de homens – disse Baguera. – Agora eu sei que você é um homem, e não mais um filhote de homem. A selva está fechada para você de agora em diante. Deixe que elas caiam, Mogli. São apenas lágrimas.

Mogli então sentou e chorou como se o seu coração estivesse se quebrando. Ele nunca havia chorado na vida.

– Agora – ele disse – irei até os homens. Mas antes eu devo dizer adeus para a minha mãe. – Foi para a caverna onde ela vivia com o Pai Lobo, e chorou sobre o seu pelo, enquanto os quatro filhotes choravam infelizes.

– Vocês nunca vão me esquecer? – perguntou Mogli.

– Não enquanto ainda pudermos seguir uma trilha – disseram os filhotes. – Venha até o pé da montanha quando for um homem e nós conversaremos com você. E iremos até as plantações brincar com você à noite.

– Venha logo! – disse Pai Lobo. – Ah, sapinho esperto, venha em breve, pois eu e sua mãe estamos velhos.

– Venha logo – pediu Mãe Loba –, meu pequeno filho nu. Ouça, filho de homem, eu amei você mais do que amei meus filhotes.

– Eu voltarei com certeza – disse Mogli. – E quando voltar será para colocar a pele de Shere Khan sobre a Pedra do Conselho. Não me esqueçam! Digam a todos na selva para não me esquecer!

A manhã estava despertando quando Mogli desceu a montanha sozinho para encontrar os seres misteriosos chamados homens.

A canção de caça da alcateia Seeonee

Enquanto o dia nascia, o sambar bramou
Uma, duas, três vezes!
E uma corça deu um salto, uma corça deu um salto
Na lagoa do bosque onde os cervos bebem, perto do planalto.
Isso, eu sozinho observei
Uma, duas, três vezes!
Enquanto o dia nascia, o sambar bramou
Uma, duas, três vezes!
E um lobo para casa voltou, um lobo para casa voltou
Para levar a notícia que a alcateia esperou,
Procurando e encontrando a trilha que ele deixou
Uma, duas, três vezes.
Enquanto o dia nascia, a alcateia uivava
Uma, duas, três vezes!
Não há marcas do pé que correu!
Nada se esconde no breu!
Não se emudeçam! Ouçam! Ouçam!
Uma, duas, três vezes!

A caçada de Kaa

O leopardo ama suas manchas, como o búfalo
dos seus chifres se orgulha
Seja limpo, pois a força do caçador está no pelo que brilha
Se você descobrir que os ataques de um touro
ou de um sambar lhe são agonizantes,
Não há necessidade de avisar, já passamos por isso antes.
Não oprima os filhotes de um estranho, mas chame-os de irmã e irmão
Ainda que pequenos e gordinhos, não sabemos
se filhos de urso eles são.
"Não há ninguém como eu", diz o filhote, orgulhoso
da presa que acabou de matar. A selva é grande
e o filhote pequeno, mas deixe-o assim acreditar.

Lemas de Balu

Tudo o que é contado aqui aconteceu algum tempo antes de Mogli ser expulso da alcateia Seeonee ou de se vingar de Shere Khan, o tigre. Aconteceu na época em que Balu ensinava a ele sobre a Lei da Selva. O grande e sério urso-pardo estava encantado por ter um discípulo tão esperto, pois os jovens lobos queriam aprender somente a Lei da Selva que se aplicava à sua própria matilha e tribo, fugindo assim que soubessem repetir o Verso de Caça: "Patas que não fazem barulho, olhos que veem no escuro, orelhas que ouvem o vento nas suas tocas e dentes brancos afiados, todas essas coisas são marcas dos nossos irmãos, exceto Tabaqui, o chacal, e a hiena, a quem odiamos". Mas Mogli, sendo filhote de homem, tinha de aprender muito mais que isso. Às vezes, Baguera, a pantera-negra, andava sem pressa pela selva para ver como o seu preferido estava, e ronronava com a cabeça encostada em uma árvore enquanto Mogli recitava as lições do dia para Balu. O menino podia escalar quase tão bem quanto nadava, e podia nadar quase tão bem quanto corria.

E então, Balu, o professor da Lei, ensinou a ele as Leis da Água e da Mata: como diferenciar um galho podre de um seguro; como conversar educadamente com as abelhas selvagens quando ele encontrasse uma colmeia a quinze metros do chão; o que dizer para Mang, o morcego, quando o incomodasse nos galhos ao meio-dia; e como avisar às serpentes-d'água nas lagoas antes de saltar entre elas. Nenhum povo da selva gosta de ser incomodado, e todos estão sempre prontos para atacar um intruso. Mogli também aprendeu sobre o Chamado de Caça dos Forasteiros, que deve ser repetido em voz alta até receber uma resposta, sempre que alguém do Povo da Selva caçar fora do seu território. Significa, ao ser traduzido: "Me deixe caçar aqui porque estou com fome". E a resposta é: "Cace então para comer, mas não por prazer". E isso mostra quanto Mogli teve que decorar. Ele ficou muito cansado de repetir as mesmas coisas centenas de vezes, mas quando levou uma palmada e saiu correndo com raiva, Balu disse a Baguera:

– Um filhote de homem é um filhote de homem e ele deve aprender toda a Lei da Selva.

– Mas pense em como ele é pequeno – disse a pantera-negra, que teria mimado Mogli se as coisas fossem do seu jeito. – Como a cabecinha dele pode carregar toda essa sua conversa?

– Há na selva algo tão pequeno que não pode ser morto? Não. É por isso que ensino a ele todas essas coisas, e é por isso que eu dou uma palmada nele, bem de leve, quando esquece.

O Livro da Selva

– De leve! O que você sabe sobre leveza, seu velho pé de ferro? – Baguera grunhiu. – O rosto dele está todo marcado hoje por causa dessa... leveza. Ugh.

– É melhor ele estar machucado da cabeça aos pés por mim, que o amo, do que pela ignorância – Balu respondeu com sinceridade. – Agora estou ensinando a ele as Palavras Mestras da Selva, que vão protegê-lo dos pássaros e do Povo Serpente, e de tudo o que caça sobre quatro patas, exceto sua própria alcateia. Agora ele pode pedir proteção para a selva toda, se ele se lembrar das palavras. Isso não vale uma palmada?

– Olha, tome cuidado para não matar o filhote de homem. Ele não é um tronco de árvore para você afiar suas garras sem corte. Mas o que são essas Palavras Mestras? É mais fácil eu ajudar do que pedir ajuda – Baguera espreguiçou uma das patas e admirou as garras afiadas azul--acinzentadas no final dela –, mas ainda assim seria bom conhecê-las.

– Chamarei Mogli e ele poderá repetir as palavras, se quiser fazer isso. Venha, irmãozinho!

– Minha cabeça está zumbindo como uma colmeia – disse uma voz rabugenta acima da cabeça deles, e Mogli deslizou pelo tronco da árvore, muito irritado e indignado. Completou, quando atingiu o chão:

– Eu vim pelo Baguera e não por você, Balu, seu velho gordo.

– Não me importo – disse Balu, apesar de magoado. – Diga ao Baguera, então, as Palavras Mestras da Selva que ensinei a você hoje.

– As Palavras Mestras para qual povo? – perguntou Mogli, contente por se exibir. – A selva tem muitas línguas. Conheço todas.

– Você sabe um pouco, e não muito. Viu, Baguera, eles nunca agradecem aos professores. Nenhum lobinho jamais voltou para agradecer ao velho Balu pelos ensinamentos. Diga as palavras para o Povo Caçador, então, grande intelectual.

– Somos do mesmo sangue, você e eu – disse Mogli, pronunciando as palavras com o sotaque de urso que o Povo Caçador usa.

Rudyard Kipling

– Ótimo. Agora o dos pássaros.

Mogli repetiu, com o assobio dos milhafres no final da sentença.

– Agora as do Povo Serpente – disse Baguera.

A resposta foi um silvo indescritível perfeito, e Mogli colocou o pé para trás, bateu palmas para si mesmo, e pulou nas costas de Baguera, onde se sentou de lado, batendo os calcanhares na pele brilhante da pantera e fazendo as piores caretas que ele podia para Balu.

– Tudo bem, tudo bem! Isso valeu as palmadas – disse o urso-pardo com ternura.

– Algum dia você vai se lembrar de mim.

Então virou-se para Baguera para contar como o menino implorou pelas Palavras Mestras de Hathi, o elefante selvagem, que sabe tudo sobre essas coisas, e como Hathi levou Mogli até a lagoa para conseguir a palavra das serpentes com uma serpente-d'água, pois Balu não podia pronunciá-la, e como Mogli estava agora, de certa maneira, salvo contra acidentes na selva, porque nem serpentes, nem pássaros, nem outras feras iriam machucá-lo.

– Ninguém a ser temido então – Balu concluiu, batendo as patas peludas, com orgulho, sobre a barriga.

– Exceto sua própria tribo – disse Baguera em voz baixa, e então alto para Mogli:

– Tenha piedade das minhas costelas, irmãozinho! O que é essa dança toda?

Mogli estava tentando fazer com que ele o ouvisse puxando o pelo dos ombros de Baguera e chutando forte. Quando os dois o escutaram ele estava gritando a plenos pulmões:

– Então eu deveria ter uma tribo só minha e pularíamos pelos galhos o dia todo.

– Que loucura é essa agora, pequeno sonhador? – disse Baguera.

– Sim, e jogar galhos e sujeira no velho Balu – Mogli continuou. – Eles me prometeram isso. Ah!

– Ufa! – Com a pata, Balu tirou Mogli das costas de Baguera, e preso entre as suas patas enormes, ele pôde ver que o urso estava muito irritado.

– Mogli – disse Balu –, você tem falado com os Bandar-log, o Povo Macaco?

Mogli olhou para Baguera para verificar se a pantera também estava brava, e os olhos de Baguera estavam frios como pedras de jade.

– Você esteve com o Povo Macaco, os macacos cinzas, o povo sem lei, os que comem tudo. Isto é uma grande vergonha.

– Quando Balu machucou minha cabeça – disse Mogli, ainda deitado de costas –, eu fugi e os macacos desceram das árvores e tiveram pena de mim. Ninguém mais se importou – choramingou.

– A pena do Povo Macaco! – Balu bufou. – A tranquilidade do rio da montanha! O frescor do sol do verão! E então, filhote de homem?

– E então... eles me deram nozes e coisas gostosas para comer, e eles... eles me carregaram nos braços até o topo das árvores e disseram que eu era o irmão de sangue deles, mas que eu não tinha cauda, e que deveria ser o líder deles um dia.

– Eles não têm líder – afirmou Baguera. – Eles mentem. Eles sempre mentiram.

– Eles foram muito gentis e pediram que eu voltasse outro dia. Por que nunca me levaram ao Povo Macaco? Eles ficam em pé assim como eu. Eles não me batem com as suas patas pesadas. Brincam o dia todo. Deixa eu me levantar! Balu malvado, deixa eu me levantar! Vou brincar com eles de novo.

– Ouça, filhote de homem – disse o urso, e sua voz ecoou como um trovão em uma noite quente. – Eu ensinei a você toda a Lei da Selva de todos os povos da selva, menos a do Povo Macaco que vive nas árvores. Eles não têm lei. Eles são párias. Eles não têm uma língua própria, roubam palavras que ouviram por aí, e ficam à espreita em cima dos galhos. O costume deles não é o nosso. Eles não têm líderes. Não têm memória.

Eles se gabam, falam muito e fingem que são um povo magnífico, prestes a fazer algo importante na selva, mas é cair uma noz que eles começam a rir e esquecem tudo isso. Nós da selva não nos relacionamos com eles. Não bebemos onde os macacos bebem, não vamos aonde os macacos vão, não caçamos onde eles caçam, não morremos onde eles morrem. Você já me ouviu falar dos Bandar-log até hoje?

– Não – respondeu Mogli com um sussurro, pois a floresta estava em silêncio quando Balu terminou de falar.

– O Povo da Selva não fala nem pensa sobre eles. Eles são muitos, são maldosos, sujos, não têm vergonha e têm o desejo de serem notados pelo Povo da Selva, se é que eles desejam alguma coisa. Mas nós não damos atenção nenhuma a eles, nem mesmo quando jogam nozes e sujeira nas nossas cabeças.

Ele mal havia acabado de falar quando uma chuva de nozes e gravetos caiu dos galhos. Eles ouviram gritos, uivos e pulos irritados por entre os galhos altos.

– O Povo Macaco é proibido – disse Balu –, proibido ao Povo da Selva. Lembre-se disso.

– Proibido – disse Baguera –, mas ainda acho que Balu deveria ter lhe avisado sobre eles.

– Eu? Como poderia imaginar que ele brincaria com esses imundos? O Povo Macaco! Argh!

Uma nova chuva começou sobre suas cabeças e os dois saíram dali, levando Mogli com eles. O que Balu disse sobre os macacos era verdade mesmo. Eles pertencem ao topo das árvores e as feras quase nunca olham para cima. Não há porque os caminhos dos macacos e do Povo da Selva se cruzarem. Mas sempre que eles encontravam um lobo doente, ou um tigre machucado, ou urso, os macacos o atormentavam. Jogavam paus e nozes em qualquer uma das feras por diversão e na esperança de serem notados.

Eles uivavam e gritavam canções sem sentido, convidavam o Povo da Selva para escalar as árvores e lutar com eles, ou começavam brigas

O Livro da Selva

furiosas do nada entre eles e deixavam os macacos mortos onde o Povo da Selva pudesse vê-los. Eles estavam sempre prestes a ter um líder, leis e costumes próprios, mas nunca conseguiam, porque se esqueciam das coisas de um dia para o outro. Inventaram então um ditado para justificar tudo isso: "O que os Bandar-log pensam agora, a selva pensará só depois", e isso os confortava.

Nenhuma das feras podia alcançá-los, mas, por outro lado, nenhuma das feras prestaria atenção neles, e por isso ficaram tão contentes quando Mogli brincou com eles e quando ficaram sabendo quão bravo Balu estava. Eles não pretendiam fazer nada, pois os Bandar-log nunca planejam nada, mas um deles teve o que parecia ser, para ele, uma ideia brilhante. Ele disse a todos os outros que Mogli era uma pessoa útil para se ter na tribo, pois podia construir uma proteção contra o vento feita de gravetos, e se o pegassem, eles poderiam obrigá-lo a ensiná-los.

Claro que Mogli, sendo filho de lenhador, herdou todos os tipos de instintos, e costumava construir abrigos com galhos caídos sem nem pensar em como fazia isso. O Povo Macaco, observando das árvores, considerou essa habilidade maravilhosa. Desta vez, disseram, eles realmente teriam um líder e se tornariam o povo mais esperto da selva. Tão espertos que os outros passariam a notá-los e ter inveja deles. Então, seguiram Balu, Baguera e Mogli pela selva, silenciosamente, até que fosse a hora da soneca do meio-dia.

Mogli, que estava com muita vergonha dele mesmo, dormiu entre a pantera e o urso, pensando que não queria mais nada com o Povo Macaco. A próxima coisa da qual ele se lembra foi de sentir mãos sobre suas pernas e braços, mãos pequenas e fortes, e de galhos batendo em seu rosto. Em seguida, ele estava olhando por entre os galhos que balançavam, enquanto Balu acordava a selva com seus gritos e Baguera escalava o tronco da árvore com todos os dentes à mostra.

Os Bandar-log berravam de triunfo e lutavam para alcançar os galhos mais altos, onde Baguera não se atrevia a ir. Eles gritavam:

RUDYARD KIPLING

– Ele nos notou! Baguera nos notou. Todo o Povo da Selva nos admira por nossa habilidade e esperteza.

E então começaram a fuga, e a fuga do Povo Macaco pela copa das árvores é algo que ninguém consegue descrever. Eles têm ruas e cruzamentos, subidas e descidas, tudo a vinte ou trinta metros do chão, e podem viajar por ali até mesmo à noite, se for necessário. Dois dos macacos mais fortes pegaram Mogli por debaixo dos braços e se lançaram com ele pelas copas das árvores, saltando seis metros a cada pulo. Se estivessem sozinhos, teriam ido duas vezes mais rápido, mas o peso de Mogli os atrasava. Mesmo enjoado e com tontura, Mogli estava gostando da loucura daquela corrida, ainda que a visão do chão logo abaixo o assustasse e os solavancos no fim dos saltos sobre o vazio levassem o seu coração à boca.

Sua escolta o levava ao topo de uma árvore, até que ele sentisse o galho mais fino estalar e curvar sob o peso deles, e então, gritando, eles se jogavam no ar para cima e para baixo, segurando-se pelas mãos ou pelos pés nas partes de baixo das próximas árvores. Às vezes, ele podia ver quilômetros e quilômetros de selva verde, como um homem no topo de um mastro pode ver quilômetros do mar. E então os galhos e as folhas acertavam seu rosto, e ele e seus dois guardas quase voltavam ao chão. Saltando, caindo, urrando e gritando, toda a tribo dos Bandar-log corria ao longo das ruas das árvores com Mogli, seu prisioneiro.

Durante algum tempo teve medo que o derrubassem. Depois ficou nervoso, mas sabia que era melhor não lutar e por isso, começou a pensar. A primeira coisa que deveria fazer era mandar uma mensagem a Balu e Baguera, pois na velocidade que os macacos estavam indo, ele sabia que seus amigos seriam deixados para trás. Era inútil olhar para baixo, pois ele podia ver apenas a parte de cima dos galhos, então olhou para cima e viu, distante no azul do céu, Rann, o milhafre, que sobrevoava em círculos a selva, esperando que coisas morressem. Rann notou que os macacos estavam carregando algo e desceu alguns metros para verificar se o que eles carregavam estava bom para comer.

O Livro da Selva

Ele assobiou de surpresa quando viu Mogli sendo carregado até o topo de uma árvore e o escutou falar na língua dos milhafres:

– Somos do mesmo sangue, você e eu. – Os galhos se fecharam ao redor do menino, mas Rann voou até a próxima árvore a tempo de ver o rosto marrom da criança aparecer de novo.

– Marque minha trilha! – Mogli gritou. – Diga a Balu, da alcateia Seeonee, e a Baguera, da Pedra do Conselho.

– Em nome de quem, irmão? – Rann nunca havia visto Mogli, ainda que já tivesse ouvido falar dele.

– Mogli, o sapo. Eles me chamam de filhote de homem! Marque minha trilhaaa!

As últimas palavras foram gritadas enquanto ele era lançado no ar, mas Rann balançou a cabeça e voou até parecer um grão de areia no céu, e lá ficou, observando com seus olhos de telescópio o balanço das copas das árvores conforme a escolta de Mogli rodopiava.

– Eles nunca vão muito longe – disse o milhafre dando uma risada. – Nunca fazem o que querem fazer. Os Bandar-log estão sempre arrumando coisas novas. Mas dessa vez, se eu reparei bem, arrumaram confusão para eles mesmos, pois Balu não é amador e Baguera pode matar mais do que cabras, como eu bem sei.

E então bateu as asas, os pés unidos embaixo dele e esperou. Enquanto isso, Balu e Baguera estavam furiosos e tristes. Baguera escalou como nunca havia escalado, mas os galhos mais finos quebraram com seu peso e ele escorregou, as patas cheias de casca de árvore.

– Por que você não alertou o filhote de homem? – rugiu para o pobre Balu, que trotava em um ritmo desajeitado na esperança de alcançar os macacos. – O que adiantou quase matá-lo a bofetadas se você não o alertou?

– Rápido, vamos mais rápido! Podemos alcançá-los ainda! – Balu disse ofegante.

– Nessa velocidade… uma vaca machucada não se cansaria. Professor da Lei, espancador de filhotes, mais uns quilômetros assim e você se parte ao meio. Sente-se e pense! Trace um plano. Agora não é hora de perseguições. Podem deixá-lo cair se os seguirmos de perto.

– Aaaah! Uuuu! Podem já ter derrubado ele, cansados de carregá-lo. Quem pode confiar nos Bandar-log? Joguem morcegos mortos na minha cabeça! Deem-me ossos estragados para comer. Jogue-me nas colmeias de abelhas selvagens para que eu seja picado até a morte e me enterre com as hienas, pois eu sou o mais miserável de todos os ursos. Aaaah! Uuuu! Mogli, ó, Mogli! Por que eu não o alertei sobre o Povo Macaco em vez de bater na sua cabeça? Agora talvez eu tenha tirado a lição do dia da cabeça dele e ele estará sozinho na selva sem as Palavras Mestras.

Balu colocou a cabeça entre as patas e rolou de um lado para o outro lamentando-se.

– Pelo menos ele me falou todas as palavras corretamente há pouco tempo – disse Baguera impacientemente. – Balu, você não tem memória nem respeito. O que a selva pensaria se eu, a pantera-negra me encolhesse igual Ikki, o porco-espinho, e choramingasse?

– E o que me importa o que a selva pensa? Ele pode estar morto agora mesmo.

– A menos que eles o derrubem das árvores por diversão, ou o matem pelo puro ócio, eu não temo pelo filhote de homem. Ele é esperto e bem ensinado, e, acima de tudo, ele tem olhos que deixam o Povo da Selva com medo. Mas (e esse é o perigo) ele está em poder dos Bandar-log, e eles, por viverem nas árvores, não têm medo do nosso povo.

Baguera lambeu a pata dianteira pensativo.

– Que tolo eu sou! Um tolo gordo, marrom e que cava raízes – disse Balu, sacudindo-se. – É verdade o que Hathi, o elefante selvagem diz: "Cada um tem seu próprio medo", e eles, os Bandar-log temem Kaa, a serpente da rocha. Ele pode escalar tão bem quanto eles e rouba os macacos filhotes à noite. Só de ouvir o seu nome, eles já tremem de medo. Vamos até Kaa.

O Livro da Selva

– Mas o que ele fará por nós? Ele não é da nossa tribo, já que não tem pés. E tem olhos malignos – disse Baguera.

– Ele é muito velho e muito esperto. E, acima de tudo, está sempre com fome – disse Balu esperançoso. – Vamos prometer a ele muitas cabras.

– Ele dorme por um mês inteiro depois de comer. Pode estar dormindo agora, mas, e se ele estiver acordado e preferir matar suas próprias cabras?

Baguera, que não sabia muito sobre Kaa, estava desconfiado.

– Então, nesse caso, você e eu, velhos caçadores, podemos convencê-lo.

Balu então esfregou o ombro na pantera e eles saíram para procurar Kaa, a serpente da pedra. Encontraram-no esticado na borda de uma pedra sob o sol da tarde, admirando sua nova vestimenta, já que esteve de férias nos últimos dez dias trocando de pele e agora estava esplêndido. Ele arrastava a cabeça e seu nariz achatado pelo chão, torcendo o corpo de quase dez metros em nós e curvas fantásticas, lambendo os lábios ao pensar no jantar que viria.

– Ele ainda não comeu – disse Balu, aliviado, assim que viu a pele malhada marrom e amarela. – Cuidado, Baguera! Ele sempre fica um pouco cego depois de trocar de pele, e é muito rápido em dar bote.

Kaa não era uma serpente venenosa. Na verdade, ele detestava as cobras venenosas, considerava-as covardes. Sua força estava no abraço, e quando ele se enrolava no corpo de alguém, não havia mais nada a ser dito.

– Boa caçada! – exclamou Balu, sentando-se.

Como todas as serpentes da sua espécie, Kaa era um pouco surdo e não escutou Balu de primeira. Então ele se enrolou, pronto para atacar, com a cabeça abaixada.

– Boa caçada para todos nós – ele respondeu. – Ora, Balu, o que você faz aqui? Boa caçada, Baguera. Um de nós, pelo menos, precisa de comida. Sabe de alguma presa em movimento? Alguma corça? Ou mesmo um jovem cervo? Estou vazio como um poço sem água.

– Estamos caçando – disse Balu despreocupadamente. Ele sabia que não se deve apressar Kaa. Ele é muito grande.

– Permita que eu vá com você – disse Kaa. – Para vocês, Balu e Baguera, um golpe a mais não muda nada, mas para mim... Eu tenho que esperar dias e dias no tronco de uma árvore e levo metade de uma noite para escalá-la, caso veja um filhote de macaco. Veja, os galhos não são mais o que eram quando eu era jovem. Todos eles estão podres e secos.

– Talvez o seu peso tenha algo a ver com isso – disse Balu.

– Eu tenho um tamanho considerável, um tamanho considerável – disse Kaa, um pouco orgulhoso. – Mas isso é tudo culpa dessas árvores novas. Eu estive muito perto de cair na minha última caçada, muito perto mesmo, e o barulho que fiz ao escorregar, pois minha cauda não estava bem enrolada ao redor da árvore, acordou os Bandar-log e eles me chamaram dos mais terríveis nomes.

– Verme amarelo sem patas! – disse Baguera, como se tentasse se lembrar de algo.

– Sssss! Eles já me chamaram assim? – perguntou Kaa.

– Gritaram algo assim para nós na última lua, mas nunca demos atenção a eles. Eles dirão qualquer coisa, até mesmo que você perdeu todos os dentes e que não enfrenta nada maior do que uma criança. Eles não têm nenhuma vergonha, esses Bandar-log, e isso porque você tem medo dos chifres dos cabritos – disse Baguera de maneira amável.

Uma serpente, especialmente uma velha píton cautelosa como Kaa, raramente demonstra que está irritada, mas Balu e Baguera podiam ver os músculos da mandíbula de Kaa tensionados.

– Os Bandar-log mudaram de território hoje – disse em voz baixa. – Quando vim tomar sol hoje, escutei-os gritando por entre as copas das árvores.

– São os Bandar-log que seguimos hoje – disse Balu, mas as palavras travaram na garganta, pois era a primeira vez, de acordo com a sua memória, que alguém do Povo da Selva estava interessado no que os macacos faziam.

O Livro da Selva

– Então sem dúvidas não foi insignificante o que aconteceu, para que dois caçadores, líderes em sua própria selva, tenho certeza, sigam a trilha dos Bandar-log – Kaa respondeu educadamente, mas com curiosidade.

– Na verdade – disse Balu –, eu não sou nada mais do que o velho e tolo professor da Lei para os filhotes de lobos Seeonee, e Baguera...

– É Baguera – disse a pantera-negra, e sua mandíbula fechou com um estalo, pois ele não acreditava em humildade. – O problema é esse, Kaa. Aqueles ladrões de nozes e catadores de folhas de palmeiras roubaram nosso filhote de homem, de quem você talvez já tenha ouvido falar.

– Escutei algumas histórias de Ikki (seus espinhos o deixam arrogante) sobre uma coisa humana que entrou em uma alcateia, mas não acreditei nele. Ikki é cheio de histórias muito mal contadas que ouviu pela metade.

– Mas essa é verdadeira. Ele é um filhote de homem como nunca existiu – disse Balu.

– O melhor, mais esperto e mais corajoso dos filhotes de homem, meu próprio discípulo, que fará o nome de Balu famoso por todas as selvas, e além disso, eu... nós o amamos, Kaa.

– Tsc, tsc – disse Kaa, balançando a cabeça de um lado para o outro. – Eu também conheci o amor. Tenho histórias para contar...

– Que precisam de uma noite clara quando todos nós estivermos alimentados para podermos elogiar de acordo – disse Baguera rapidamente. – O nosso filhote de homem está nas mãos dos Bandar-log agora, e sabemos que, de todos os Povos da Selva, é apenas Kaa que eles temem.

– É apenas de mim que eles têm medo. Eles têm boas razões para isso – disse Kaa.

– Tagarelas, tolos e vaidosos... vaidosos, tolos e tagarelas os macacos são. Mas uma coisa humana em suas mãos não é bom sinal. Eles se cansam das nozes que pegam e as atiram ao chão. Carregam um galho por metade de um dia, dizendo que farão grandes coisas com ele, e depois o partem no meio. Essa coisa humana não deve ser invejada. Eles também me chamaram de... peixe amarelo, não é?

– Verme. Verme amarelo – disse Baguera. – Entre outras coisas que não posso dizer por vergonha.

– Devemos lembrá-los de falar bem do mestre deles. Sssss! Devemos ajudá-los com suas memórias errantes. Agora, para onde eles foram com o filhote?

– Só a selva sabe. Acredito que em direção ao pôr do sol – disse Balu. – Pensamos que você saberia nos dizer, Kaa.

– Eu? Por quê? Eu os pego quando cruzam meu caminho, mas não os caço, não caço sapo nem a escória verde que vive em buracos na água, aliás.

– Aqui em cima! Em cima! Oiê! Oi! Oi, olha para cima, Balu, da alcateia Seeonee.

Balu olhou para cima para ver de onde vinha aquela voz, e lá estava Rann, o milhafre, descendo com o sol brilhando sobre as bordas das suas asas. Estava quase na hora de Rann ir dormir, mas ele havia percorrido a selva toda procurando pelo urso e o havia perdido em meio à folhagem densa.

– O que foi? – perguntou Balu.

– Vi Mogli entre os Bandar-log. Ele pediu que eu dissesse a você. Eu observei a trilha. Os Bandar-log o levaram além do rio, para a cidade dos macacos, para os covis gelados. Eles podem ficar por lá a noite toda, ou dez noites, ou uma hora. Eu pedi para os morcegos observarem durante a noite. Essa é a minha mensagem. Boa caçada, todos vocês aí embaixo!

– Que você se empanturre e durma bem, Rann – desejou Baguera. – Eu vou me lembrar de você na minha próxima caçada, e deixarei a cabeça só para você, o melhor dos milhafres.

– Não há de quê, não há de quê. O garoto sabia a Palavra Mestra. Eu não podia ter feito menos que isso – e Rann voou novamente para o seu poleiro.

O Livro da Selva

– Ele não se esqueceu de usar a língua – disse Balu com uma risada de orgulho.

– E pensar que alguém tão pequeno conseguiu se lembrar da Palavra Mestra dos pássaros enquanto estava sendo levado por entre as árvores.

– Entrou muito bem na cabeça dele – disse Baguera. – Estou muito orgulhoso, mas agora temos que ir para os covis gelados.

Todos sabiam onde era o lugar, mas poucos animais do Povo da Selva haviam ido até lá, porque o que chamavam de covis gelados era uma cidade deserta e velha, perdida e enterrada na selva, e os animais raramente usam os lugares onde os homens já viveram. Os javalis selvagens usariam, mas não as tribos caçadoras. Além disso, os macacos viviam ali do mesmo modo que viviam em outros lugares, e nenhum animal com respeito próprio se aproximaria de lá, exceto em tempos de estiagem, quando os tanques e reservatórios armazenavam um pouco de água.

– É uma jornada que dura metade de uma noite, se feita em velocidade máxima – disse Baguera, e Balu parecia irritado.

– Vou correr o mais rápido que puder – disse ansioso.

– Não podemos esperar por você. Siga-nos, Balu. Temos que botar essas patas para correr, Kaa e eu.

– Com patas ou sem patas, consigo acompanhar as quatro que vocês têm – disse Kaa brevemente.

Balu esforçou-se para correr, mas sentou-se ofegante, então o deixaram para trás, enquanto Baguera avançava, disparando na velocidade de pantera. Kaa não disse nada, mas, por mais esforçado que Baguera fosse, a enorme píton conseguiu manter o mesmo ritmo que ele. Quando chegaram a um riacho na colina, Baguera tomou a frente, pois o saltou, enquanto Kaa teve que nadar, a cabeça e parte do pescoço para fora da água, mas quando retornou ao chão, diminuiu a distância.

– Pelo cadeado quebrado que me libertou – disse Baguera quando o crepúsculo chegou –, você não é nem um pouco lento.

– Estou com fome – disse Kaa. – Além disso, eles me chamaram de sapo manchado!

– Verme... de verme amarelo, para começar.

– Tudo a mesma coisa. Vamos continuar – e Kaa parecia se derramar sobre o chão, encontrando os caminhos mais curtos com seus olhos fixos e se mantendo neles.

Nos covis gelados, o Povo Macaco nem pensava nos amigos do Mogli. Haviam trazido o menino à Cidade Perdida e estavam muito contentes dessa vez. Mogli nunca havia visto uma cidade indiana antes, e ainda que fosse um amontoado de ruínas, ela parecia maravilhosa e esplêndida. Algum rei havia construído isso tudo há muito tempo em uma pequena colina. Você ainda pode identificar as estradas de pedras que levam aos portões destruídos onde as últimas lascas de madeira se penduram nas dobradiças gastas e enferrujadas.

Árvores haviam crescido nos muros, os parapeitos estavam caídos e deteriorados, e trepadeiras selvagens se penduravam das janelas das torres nos muros em tufos cheios. Havia um enorme palácio sem telhado no topo da colina, o mármore dos pátios e das fontes estava rachado, manchado de vermelho e verde, e os paralelepípedos no pátio onde os elefantes do rei costumavam viver tinham sido empurrados e separados pela grama e por árvores jovens. Do palácio, era possível ver fileiras e fileiras de casas sem telhado que faziam a cidade parecer com favos de mel preenchidos de escuridão, o bloco de pedra sem forma que havia sido um ídolo na praça onde quatro estradas se encontram, os buracos e as ranhuras nas esquinas das ruas onde os poços públicos costumavam ficar e os domos dos templos rachados com figos selvagens brotando nas laterais. Os macacos chamavam o lugar de sua cidade e fingiam desprezar o Povo da Selva, porque viviam na mata.

E ainda assim nunca souberam para que os edifícios serviam nem como usá-los.

Eles se sentavam em círculos na câmara do conselho do rei, procurando por pulgas e fingindo ser homens, ou entravam e saíam das casas

O Livro da Selva

destelhadas acumulando rebocos e velhos tijolos em uma esquina, esqueciam onde os haviam escondido, brigavam e choravam em bandos, e então cessavam as brigas para brincar nos terraços do jardim do rei, onde chacoalhavam só por diversão as roseiras e as laranjeiras para ver as flores e as frutas caírem.

Eles haviam explorado todas as passagens e túneis escuros no palácio e todas as centenas de quartos escuros, mas nunca se lembravam do que haviam ou não visto. Andavam sozinhos, em pares ou até grupos, dizendo uns aos outros que estavam fazendo o que os homens faziam. Bebiam nos reservatórios e deixavam a água suja de lama, brigavam em cima dela e então se reuniam rapidamente em multidões e gritavam:

– Não há ninguém na selva tão inteligente, bom, esperto, forte e gentil como os Bandar-log.

Então começariam tudo de novo até se cansar da cidade e voltar à copa das árvores, desejando que o Povo da Selva os notasse. Mogli, que havia sido treinado sob a Lei da Selva, não gostava nem entendia esse tipo de vida. Os macacos o haviam arrastado para os covis gelados no final da tarde e, em vez de irem dormir, como Mogli teria feito depois de uma longa jornada, eles deram as mãos e dançaram e cantaram suas músicas tolas.

Um dos macacos fez um discurso e disse aos seus companheiros que a captura de Mogli era um marco na história dos Bandar-log, pois Mogli mostraria a eles como trançar gravetos e palha para protegê-los da chuva e do frio. Mogli pegou algumas trepadeiras e começou a trabalhar com elas, os macacos tentaram imitá-lo, mas em alguns minutos perderam o interesse e começaram a puxar a cauda dos amigos ou pular para cima e para baixo nas quatro patas, gritando.

– Eu quero comer – disse Mogli. – Sou um estranho nesta parte da selva. Tragam-me comida ou deixem que eu saia para caçar aqui.

Vinte ou trinta macacos saíram para buscar nozes e mamão para ele, mas começaram a brigar no caminho, e seria trabalhoso demais voltar com o que havia sobrado das frutas. Mogli estava ferido e irritado. Além disso, também estava faminto. Ele perambulou por toda a cidade vazia bradando o Chamado de Caça dos Forasteiros de vez em quando, mas ninguém o respondia, e Mogli sentiu que havia chegado, de fato, a um lugar ruim.

– Tudo aquilo que Balu disse sobre os Bandar-log é verdade – disse a si mesmo.

– Eles não têm lei, não têm chamado de caça e nenhum líder. Não têm nada além de palavras toscas e mãozinhas de ladrão. Se eu morrer de fome ou for morto aqui, será minha própria culpa. Mas tenho que tentar voltar para minha selva. Balu com certeza vai me bater, mas isso é melhor que perseguir pétalas de rosas com os Bandar-log.

Assim que ele chegou ao muro da cidade, os macacos o puxaram de volta, dizendo que ele não sabia quão feliz era e apertando-o para que agradecesse. Ele cerrou os dentes e não disse nada, mas seguiu com os macacos, que gritavam, até um terraço sobre os reservatórios de arenito vermelho, que estavam cheios até a metade com água da chuva. Havia uma casa de veraneio de mármore branco em ruínas no meio do terraço, construída para rainhas mortas há centenas de anos.

O telhado em forma de domo havia desabado pela metade e bloqueado a passagem subterrânea do palácio pela qual as rainhas costumavam entrar. As paredes eram feitas de telas de mármore que pareciam rendadas, em uma linda cor branca ornamentada com ágatas, cornalinas, jaspes e lápis-lazúlis, e conforme a lua surgiu atrás da montanha, brilhou pelo espaço, lançando sombras no chão como veludo preto bordado.

Ferido, sonolento e faminto como estava, Mogli não pôde deixar de rir quando os Bandar-log começaram, vinte de uma vez, a dizer como eles eram ótimos, inteligentes, fortes e gentis, e como ele era tolo de querer abandoná-los.

– Nós somos magníficos. Somos livres. Somos maravilhosos. Nós somos o povo mais maravilhoso de toda a selva! Nós todos dizemos isso, então deve ser verdade – eles gritaram.

O Livro da Selva

– Agora você é nosso novo ouvinte e pode carregar nossas palavras de volta ao Povo da Selva, para que eles nos notem no futuro. Vamos lhe contar tudo sobre nossa excelente personalidade.

Mogli não fez objeção, e os macacos se reuniram às centenas no terraço para ouvir seus próprios oradores falarem sobre as glórias dos Bandar-log, e sempre quando um orador parava para respirar, todos eles gritavam juntos:

– É verdade, todos nós dizemos isso.

Mogli balançava a cabeça e piscava, dizendo "sim" quando lhe faziam uma pergunta e sua cabeça girava com o barulho.

– Tabaqui, o chacal, deve ter mordido todos esses animais – disse para si mesmo – e agora todos estão loucos. Com certeza isso é *dewanee*, a loucura. Eles nunca dormem? Agora há uma nuvem cobrindo a lua. Se ela fosse grande o suficiente eu poderia tentar correr na escuridão. Mas estou cansado.

Aquela mesma nuvem estava sendo observada por dois amigos no fosso em ruínas abaixo do muro da cidade, pois Baguera e Kaa, sabendo como o Povo Macaco era perigoso quando em grande número, não queriam correr nenhum risco. Os macacos nunca lutavam, a menos que fosse cem contra um, e poucos na selva querem encarar esse conflito.

– Eu vou pelo muro oeste – sussurrou Kaa – e vou descer bem rápido, usando a inclinação do solo a meu favor. Eles não vão se jogar sobre as minhas costas aos montes, mas...

– Eu sei – disse Baguera. – Queria que Balu estivesse aqui, mas devemos fazer o que conseguimos. Quando aquela nuvem cobrir a lua, eu irei ao terraço. Eles estão fazendo uma espécie de reunião sobre o menino.

– Boa caçada – disse Kaa obstinadamente, e deslizou em direção ao muro oeste.

Aquele parecia ser o menos destruído de todos, e a grande serpente atrasou-se um pouco antes de encontrar um caminho até as pedras. A nuvem cobriu a lua e, enquanto Mogli se perguntava o que acontecia em seguida, ele ouviu os passos leves de Baguera no terraço. A pantera-negra havia subido a encosta quase sem fazer barulho e dava patadas, pois sabia que era mais rápido do que morder, para todos os lados entre os macacos, que estavam sentados ao redor de Mogli em círculos com cinquenta ou sessenta deles. Houve um uivo de medo e raiva, e conforme Baguera tropeçou nos corpos que rolavam e chutavam por baixo dele, um macaco gritou:

– Só tem um deles! Matem-no! Matem!

Uma multidão de macacos que mordia, arranhava, rasgava e puxava se reuniu ao redor de Baguera, enquanto cinco ou seis seguraram Mogli, arrastaram-no até a parede da casa de veraneio e o empurraram pelo buraco do domo quebrado. Um menino criado por humanos teria se machucado feio, pois a queda tinha quase cinco metros, mas Mogli caiu como Balu havia lhe ensinado, aterrissando em pé.

– Fique aqui – gritaram os macacos – até termos matado os seus amigos, e mais tarde brincaremos com você, se o Povo Venenoso tiver deixado você vivo.

– Somos do mesmo sangue, você e eu – disse Mogli, usando o Chamado das Serpentes. – Ele podia ouvir sussurros e sibilos nos entulhos ao redor dele, e repetiu o chamado, só para garantir.

– Todos atentosss! Abaixem as cabeças! – disseram meia dúzia de vozes baixas. Toda ruína na Índia, mais cedo ou mais tarde, torna-se moradia das serpentes, e a velha casa de veraneio estava repleta de najas.

– Fique parado, irmãozinho, pois seu pé pode nos machucar.

Mogli permaneceu o mais imóvel que conseguiu, espiando por entre o local e escutando atentamente o furioso som da briga ao redor da pantera-negra; os gritos, os ruídos, a confusão e o rugido rouco e grave de Baguera, conforme ele derrubava, girava e mergulhava por baixo dos montes de inimigos. Pela primeira vez desde que havia nascido, Baguera estava lutando pela sua vida.

– Balu deve estar por perto, Baguera não viria sozinho – pensou Mogli. Então, ele gritou:

O Livro da Selva

– Para os reservatórios, Baguera! Vá para os reservatórios de água.
Vá e mergulhe. Vá para a água.

Baguera ouviu, e a voz mostrou a ele que Mogli estava a salvo, dando-
-lhe uma nova coragem. Abriu caminho desesperadamente, centímetro
por centímetro, direto para os reservatórios, acabando com a briga em
silêncio. De repente, do muro mais próximo da selva veio o rosnado de
guerra de Balu. O velho urso havia dado o seu melhor, mas não pôde
chegar mais cedo.

– Baguera – ele gritou. – Estou aqui. Vou escalar! Vou correr! Grrr!
As pedras escorregaram sob os meus pés! Espere por mim, ó, mais in-
fame dos Bandar-log!

Ele ofegou até o terraço só para desaparecer sob uma horda de macacos, mas ficou sobre as patas traseiras e, esticando as patas dianteiras,
agarrou quantos podia e começou a acertá-los com um regular pá-pá-
-pá, como batidas de uma roda de pás.

O barulho de algo caindo na água disse a Mogli que Baguera tinha
encontrado o caminho para o reservatório onde os macacos não podiam segui-lo. A pantera tentava recuperar o fôlego, com a cabeça um
pouco acima da água, enquanto três macacos ficaram nos degraus vermelhos, pulando com raiva, prontos para atacá-lo de todos os lados,
caso ele tentasse ajudar Balu. Foi quando Baguera levantou o queixo e
com desespero proferiu o Chamado das Serpentes para proteção:

– Somos do mesmo sangue, você e eu – pois ele acreditava que Kaa
os havia abandonado no último minuto. Até mesmo Balu, sufocado sob
os macacos na beirada do terraço, não pôde deixar de rir quando ouviu
a pantera-negra pedindo ajuda.

Kaa tinha acabado de passar sobre o muro oeste, aterrissando com
um baque que arremessou uma das pedras no fosso. Ele não tinha in-
tenção de perder nenhuma vantagem do chão, por isso se enrolou e
desenrolou uma ou duas vezes, para ter certeza de que cada parte do
seu longo corpo estava funcionado. Tudo isso enquanto a luta com Balu
continuava e os macacos gritavam no reservatório ao redor de Baguera.

RUDYARD KIPLING

Mang, o morcego, voando para lá e para cá, carregava as notícias da grande batalha por toda a selva até que Hathi, o elefante selvagem rugiu. Ao longe, bandos dispersos do Povo Macaco acordaram e vieram saltando sobre as copas das árvores para ajudar seus companheiros nos covis gelados, e o som da luta despertou os pássaros da manhã por quilômetros.

E então Kaa veio direto e rapidamente, pois estava ansioso para matar. A força de luta de uma píton está no golpe da cabeça, que tem como apoio a força e o peso do corpo. Se você puder imaginar uma lança, ou um aríete, ou um martelo pesando quase meia tonelada e sendo controlado por uma mente quieta e tranquila, que vive dentro dele, você pode imaginar, mais ou menos, como Kaa era quando lutava. Uma píton de até dois metros pode derrubar um homem se acertá-lo no peito, e Kaa tinha quase dez metros, como vocês sabem. Seu primeiro ataque foi no coração da multidão ao redor de Balu. Ele atacou em silêncio, e não precisou de um segundo golpe.

Os macacos se dispersaram aos gritos:

– Kaa! É Kaa! Fujam! Fujam!

Várias gerações de macacos aprenderam a se comportar por causa das histórias que seus ancestrais contavam de Kaa, o ladrão da noite, que podia se locomover por entre os galhos tão silenciosamente quanto o musgo que cresce e podia roubar o macaco mais forte que já existiu. As histórias do velho Kaa, que fingia tão bem ser um galho morto ou toco podre, que os mais espertos eram enganados até que fossem pegos pelo galho. Kaa era tudo aquilo que os macacos temiam na selva, pois nenhum deles sabia o limite do seu poder, nenhum deles podia olhar nos seus olhos e nenhum deles tinha sobrevivido a um abraço seu. E então eles correram, gaguejando de pavor, até os muros e os telhados das casas, e Balu deu um grande suspiro de alívio.

Seu pelo era muito mais grosso que o de Baguera, mas ele havia sofrido seriamente na luta. Kaa abriu a boca pela primeira vez e deu um longo sibilo, e os macacos que estavam distantes, correndo para

O Livro da Selva

defender os covis gelados, permaneceram onde estavam, amedronta-dos, até que os galhos sobrecarregados entortaram e quebraram sob seus pés. Os macacos nos muros e nas casas vazias pararam de chorar e, no silêncio que caiu sobre a cidade, Mogli ouviu Baguera sacudindo a água do corpo enquanto saía do reservatório.

Então o clamor recomeçou. Os macacos subiram ainda mais alto nos muros. Agarraram-se ao redor dos pescoços dos grandes ídolos de pedra e gritavam conforme saltavam ao longo dos parapeitos, enquan-to Mogli, dançando na casa de veraneio, olhava por entre as rendas e piava igual coruja por entre os dentes, para zombar deles e mostrar seu desprezo.

– Tire o filhote de homem da armadilha, eu não dou conta – disse Baguera arfando.

– Vamos pegar o menino e sair daqui. Eles podem atacar novamente.

– Eles não vão se mover até que eu ordene. Fiquem quietosss! – sibi-lou Kaa e a cidade ficou em silêncio mais uma vez. – Não pude vir antes, irmão, mas eu ouvi o chamado – disse para Baguera.

– Eu… eu posso ter feito o chamado na batalha – Baguera respon-deu. – Balu, você está machucado?

– Tenho a sensação de que me fizeram em pedacinhos – disse Balu, mexendo uma perna e depois a outra. – Uau, estou dolorido. Kaa, acre-dito que devemos a você nossas vidas. Baguera e eu.

– Sem problemas. Onde está o filhote?

– Aqui, em uma armadilha. Não consigo escalar – respondeu Mogli. A curva do domo quebrado estava acima da sua cabeça.

– Tirem-no daqui. Ele dança como Mao, o pavão. Vai matar nossas crias – disseram as najas lá dentro.

– Rá! – disse Kaa com uma risada. – Ele tem amigos em todos os lu-gares, esse filhote. Afaste-se, filhote. E escondam-se, ó Povo Venenoso. Eu vou quebrar a parede.

Kaa olhou com cuidado até encontrar uma rachadura descolorida no mármore que mostrava um ponto frágil, mexeu a cabeça duas ou três vezes para pegar distância, e então, levantando do chão quase dois metros do corpo, deu meia dúzia de golpes com força total, usando o nariz primeiro. A parede se quebrou e caiu com uma nuvem de poeira e detritos, e Mogli subiu pela abertura e lançou-se entre Balu e Baguera, um braço ao redor de cada pescoço.

– Você está machucado? – perguntou Balu, abraçando-o.

– Estou dolorido, faminto, e bem machucado. Mas nossa, eles machucaram muito vocês, meus irmãos. Estão sangrando!

– Também os machucamos – disse Baguera, lambendo os lábios e olhando para os macacos mortos no terraço e ao redor do reservatório.

– Não é nada, não é nada, se você está a salvo, ó, meu orgulho de todos os pequenos sapos – sussurrou Balu.

– Sobre isso, conversaremos depois – disse Baguera, em uma voz seca que não agradou Mogli. – Mas aqui está Kaa, a quem devemos a batalha e a quem você deve sua vida. Agradeça a ele de acordo com nossos costumes, Mogli.

Mogli virou-se e viu a enorme cabeça da píton se balançando a meio metro da sua cabeça.

– Então esse é o filhote? – perguntou Kaa. – Tem a pele bem macia e não é muito diferente dos Bandar-log. Cuidado, menino, para que eu não o confunda com um macaco em algum crepúsculo quando tiver acabado de trocar de pele.

– Somos do mesmo sangue, você e eu – Mogli respondeu. – Devo minha vida a você esta noite. Minha presa será sua presa se algum dia você sentir fome, ó, Kaa.

– Muito obrigado, irmãozinho – disse Kaa, com os olhos ainda cintilando. – E o que um caçador tão corajoso caça? Pergunto porque posso acompanhá-lo na próxima vez que sair para caçar.

– Não mato nada, sou muito pequeno, mas levo bodes até aqueles que podem caçá-los. Quando estiver com fome, venha até mim e então verá que falo a verdade. Tenho algumas habilidades aqui – disse mostrando as mãos – e se você algum dia estiver em uma armadilha, pagarei minha dívida a você, ao Baguera e ao Balu. Boa caçada a todos vocês, meus mestres.

– Muito bem falado – rosnou Balu, pois Mogli tinha agradecido de uma maneira bem bonita.

A píton encostou a cabeça levemente no ombro de Mogli por um minuto.

– Um coração corajoso e uma língua gentil – ele disse. – Essas qualidades devem levá-lo longe na selva, filhote. Mas agora vá depressa com seus amigos. Vá e durma, pois a lua se põe e o que se segue não deve ser algo que você deva ver.

A lua estava mergulhando por trás das colinas e as fileiras de macacos trêmulos amontoados nos muros e nos parapeitos pareciam franjas esfarrapadas. Balu foi até o reservatório para beber água e Baguera começou a arrumar o pelo, enquanto Kaa deslizou até o centro do terraço e fechou as mandíbulas com um estalo ressoante que chamou a atenção de todos os macacos para ele.

– A lua se põe – ele disse. – Há luz suficiente para ver?

Dos muros veio um lamento como o vento na copa das árvores.

– Nós vemos, ó Kaa.

– Ótimo. Começa agora a dança, a dança da fome de Kaa. Sentem-se e observem.

Ele rodou duas ou três vezes em um grande círculo, balançando a cabeça da esquerda para a direita. Então começou a dar voltas e fazer o número oito com o corpo, e triângulos suaves que se transformavam em quadrados e pentágonos, e montes de espirais, sem descansar, sem se apressar e sem parar com o som cantarolado e baixo. Foi ficando cada vez mais escuro, até que, por fim, os movimentos desapareceram, mas eles podiam ouvir barulho das suas escamas.

Balu e Baguera permaneceram parados como pedras, o rosnado em suas gargantas, os pelos do pescoço eriçados, e Mogli observou maravilhado.

– Bandar-log – disse a voz de Kaa finalmente –, vocês podem mexer um pé ou uma mão sem a minha ordem? Falem!

– Sem sua ordem não podemos mexer um pé ou uma mão, ó, Kaa!

– Ótimo! Deem um passo para perto de mim.

As fileiras de macacos moveram-se para a frente, imponentes, e Balu e Baguera deram um passo à frente junto com eles.

– Mais perto! – ordenou Kaa, e todos se moveram de novo.

Mogli colocou as mãos sobre Balu e Baguera para irem embora, e as duas grandes feras despertaram como se tivessem sido acordadas de um sonho.

– Mantenha sua mão sobre o meu ombro – Baguera sussurrou. – Deixe-a aí, ou eu voltarei... eu voltarei para Kaa. Aah!

– É apenas Kaa fazendo círculos na poeira – disse Mogli. – Vamos embora. – E passando por um buraco no muro, os três partiram para a selva.

– Ufa! – Disse Balu, quando parou sob as árvores de novo.

– Nunca mais farei de Kaa um aliado – disse estremecendo.

– Ele sabe muito mais que nós – disse Baguera tremendo. – Em pouco tempo, se eu tivesse ficado ali, teria caminhado direto para sua garganta.

– Muitos caminharão por aquela estrada antes de a lua nascer novamente – disse Balu.

– Ele terá uma boa caçada, a sua própria maneira.

– Mas qual é o significado disso tudo? – perguntou Mogli, que não sabia nada sobre o poder de fascinação de uma píton. – Eu não vi nada além de uma serpente fazendo círculos tolos até a noite chegar. E o nariz dele estava todo machucado. Rá! Rá!

– Mogli – disse Baguera, irritado – o nariz dele estava machucado por sua culpa, assim como minhas orelhas, corpo e patas, e o pescoço e os ombros do Balu estão mordidos por sua culpa. Nem Balu nem Baguera poderão caçar com prazer por muitos dias.

O Livro da Selva

– Não foi nada – disse Balu. – Temos o filhote de homem novamente.

– Verdade, mas o tempo que poderia ter sido gasto em boas caçadas, ele nos fez perder em machucados. Estou sem metade do pelo nas costas. E por último, perdemos a honra também. Pois lembre-se Mogli, de que eu, que sou a pantera-negra, fui forçado a pedir proteção a Kaa, e Balu e eu fomos feitos de idiotas, como pequenos pássaros, pela dança da fome. Tudo isso, filhote de homem, aconteceu por causa da sua brincadeira com os Bandar-log.

– Verdade, é verdade – disse Mogli com tristeza. – Eu sou um terrível filhote de homem, e meu estômago está triste.

– Hunf! O que diz a Lei da Selva, Balu?

Balu não queria trazer mais problemas para Mogli, mas não podia mudar a Lei, então murmurou:

– A tristeza não adia a punição. Mas lembre-se Baguera, de que ele é muito pequeno.

– Eu vou me lembrar. Mas ele desobedeceu e agora levará umas palmadas. Mogli, você tem algo para dizer?

– Nada. Eu errei. Balu e você estão machucados. Isso é justo.

Baguera deu meia dúzia de patadas carinhosas, do ponto de vista de uma pantera (elas mal teriam acordado seus próprios filhotes), mas para um menino de 7 anos de idade, foram palmadas dolorosas que você gostaria de evitar. Quando acabou, Mogli fungou e se recompôs sem dizer uma palavra.

– Agora – disse Baguera –, suba nas minhas costas, irmãozinho, e iremos para casa.

Uma das belezas da Lei da Selva é que a punição resolve tudo. Não há chateação depois. Mogli deitou a cabeça nas costas de Baguera e dormiu tão profundamente que não acordou quando o colocaram na caverna.

A canção de estrada dos Bandar-log

Aqui estamos nós, fazendo escalada
A meio caminho da lua enciumada!
Não sente inveja da nossa animação?
Não gostaria de ter mais uma mão?
E se o formato da sua cauda fosse tão bem esculpido...
E curvado, como o arco do Cupido?
Você está irritado, mas nada disso importa,
Pois sua cauda, irmão, parece que está morta.
Aqui nos galhos, todos nós sentamos enfileirados
Pensando em coisas lindas que nos deixam deslumbrados.
Sonhando com tudo que queremos realizar,
Em um minuto ou dois, sem nos demorar.
Algo nobre, bom e bem esperto,
Feito só com nosso pensamento.
Nós nos esquecemos, mas nada disso importa
Pois sua cauda, irmão, parece que está morta.
Escutamos todos os tipos de conversas,
De morcegos às feras mais perversas.

Rudyard Kipling

Couro, barbatana, escama ou pena
Falam todos juntos, sem nenhum problema.
Excelente! Maravilhoso! Não somos mais selvagens!
Falamos como homens!
Vamos fingir que somos... Nada disso importa,
Pois sua cauda, irmão, parece que está morta.
É assim que o Povo Macaco se comporta.
Junte-se aos nossos companheiros, que voam por entre pinheiros,
E como foguetes se lançam, atrás das frutas que balançam.
Por toda sujeira que trazemos, e pelo nobre barulho que fazemos
Vamos criar grandes coisas, não se esqueçam.

Tigre! Tigre!

E quanto à caçada, corajoso caçador?
Irmão, a espera foi lenta e cheia de dor.
E quanto à presa que você foi matar?
Irmão, na selva ela ainda está a pastar.
Onde está o poder que moldou sua vaidade?
Irmão, ele diminui conforme a idade.
E essa pressa que faz você correr?
Irmão, vou à minha toca... para morrer.

Agora precisamos voltar à primeira história. Quando Mogli deixou a caverna dos lobos após brigar com a alcateia na Pedra do Conselho, ele desceu até as plantações onde os aldeões viviam, mas não podia parar ali, pois era muito perto da selva, e ele sabia que havia feito pelo menos um inimigo real no Conselho. Ele se apressou, mantendo-se na estrada que levava ao vale, e continuou em um trote constante por mais de trinta quilômetros, até chegar a um lugar que não conhecia.

O vale se abria em uma grande campina repleta de pedras e recortada por desfiladeiros. Em uma das extremidades estava um pequeno vilarejo e, na outra, a selva densa estendia-se até as pastagens e ali parava como se houvesse sido cortada por uma enxada. Por toda a planície, gado e búfalos pastavam, e quando os meninos responsáveis pelos animais viram Mogli, eles gritaram e fugiram, e os cães amarelos que estão por todas as aldeias indianas latiram. Mogli continuou caminhando, pois estava faminto, e quando chegou ao portão da aldeia, viu um grande arbusto de espinho que se encontrava diante do portão, no crepúsculo, e o empurrou para o lado.

– Hunf! – ele resmungou, pois já havia encontrado várias dessas barricadas nas noites em que saía procurando por comida. – Então os homens têm medo do Povo da Selva aqui também.

Sentou-se perto do portão e, quando um homem surgiu, ele se levantou, abriu a boca e apontou para ela indicando que queria comida.

O homem o encarou e fugiu correndo pela única estrada da aldeia, gritando pelo guru, que era um homem gordo e grande vestido de branco, com uma marca vermelha e amarela na testa. O guru veio até o portão acompanhado de pelo menos cem pessoas, que encararam, falaram e gritaram apontando para Mogli.

– Eles não têm maneiras, esses homens – disse Mogli para ele mesmo. – Apenas o macaco cinza se comportaria assim.

Então jogou seu longo cabelo preto para trás e franziu a testa para a multidão.

– O que há para se temer? – perguntou o guru. – Olhem as marcas nos braços e nas pernas. São mordidas de lobos. Ele é um menino-lobo que fugiu da selva.

Claro que, brincando juntos, os filhotes tinham mordido Mogli várias vezes com mais força do que pretendiam, e ele tinha cicatrizes esbranquiçadas nas pernas e braços. Mas ele seria a última pessoa no mundo a chamar isso de mordidas, pois sabia como era uma mordida de verdade.

– Arre! Arre! – disseram duas ou três mulheres ao mesmo tempo. – Mordido por lobos, pobre criança! Ele é um menino lindo. Ele tem olhos cor de fogo. Pela minha honra, Messua, ele parece com o seu menino que foi levado pelo tigre.

O Livro da Selva

– Deixe-me ver – disse a mulher com argolas pesadas de cobre em seus pulsos e tornozelos, e observou Mogli por baixo da palma da mão. – É parecido. Ele é mais magro, mas tem a aparência do meu menino.

O guru era um homem esperto e sabia que Messua era a esposa do homem mais rico da aldeia. Olhou, então, para o céu por um minuto e disse solenemente:

– O que a selva tirou, a selva devolveu. Leve o menino para sua casa, minha irmã, e não se esqueça de honrar o guru que vê tão longe na vida dos homens.

– Pelo touro que me comprou – disse Mogli a si mesmo –, mas toda essa conversa parece outra reunião da alcateia! Bom, se eu sou um homem, um homem eu devo me tornar.

A multidão se dispersou conforme a mulher chamou Mogli para sua cabana, onde havia uma cama vermelha envernizada, um grande cesto de argila, cheio de desenhos engraçados, com grãos, meia dúzia de panelas de cobre, uma imagem de um deus hindu em uma pequena alcova e na parede um espelho de verdade, como aqueles que vendem nas feiras.

Ela deu-lhe um copo de leite e um pouco de pão e então colocou a mão sobre a cabeça do menino e o olhou nos olhos, achando que talvez ele pudesse ser realmente seu filho que havia voltado da selva, para onde o tigre o havia levado.

Então disse:

– Nathoo, ó, Nathoo! – Mogli não demonstrou que reconhecia o nome. – Você não se lembra do dia em que lhe dei sapatos novos?

Ela tocou seu pé, que era duro como um casco.

– Não – ela disse com tristeza –, esses pés nunca usaram sapatos, mas você é muito parecido com meu Nathoo e será meu filho.

Mogli estava desconfortável, pois nunca havia estado sob um telhado antes. Mas quando olhou para a palha, viu que poderia arrancá-la a qualquer momento se quisesse fugir, e aquela janela não tinha fecho.

– O que adianta ser homem – disse a si mesmo – se não entendo o que os outros falam? Agora sou tão burro e tolo quanto um homem seria entre nós na selva. Preciso aprender a língua deles.

Não foi por diversão que ele aprendeu, enquanto estava com os lobos, a imitar o som dos cervos na selva e o grunhido do pequeno porco selvagem. Assim que Messua pronunciava uma palavra, Mogli a imitava quase perfeitamente, e antes de anoitecer ele havia aprendido o nome de muitas coisas na cabana. Houve certa dificuldade na hora de dormir, pois Mogli não dormiria sob nada que parecesse uma armadilha para panteras como aquela cabana, e, quando a porta foi fechada, ele saiu pela janela.

– Deixe-o seguir sua vontade – disse o marido de Messua. – Lembre-se de que ele, até agora, pode nunca ter dormido em uma cama. Se ele foi realmente enviado no lugar do nosso filho, ele não vai fugir.

Então Mogli deitou-se sobre uma grama limpa e comprida na borda do campo, mas antes que tivesse fechado os olhos, um nariz suave e acinzentado cutucou-o abaixo do queixo.

– Hum! – disse o Irmão Cinza, que era o mais velho dos filhotes da Mãe Loba.

– Essa é uma recompensa pobre por ter seguido você por mais de trinta quilômetros. Você cheira a fumaça e gado, tudo junto. Já cheira como um homem. Acorde, irmãozinho, eu trago notícias.

– Todos estão bem na selva? – perguntou Mogli, abraçando-o.

– Todos menos os lobos que foram queimados com a Flor Vermelha. Agora escute. Shere Khan foi caçar muito longe até que seus pelos cresçam de novo, pois ele está muito chamuscado. Quando retornar, jura que vai enterrar seus ossos em Waingunga.

– Há duas versões para isso tudo. Eu também fiz uma pequena promessa, mas notícias são sempre boas. Estou muito cansado, muito cansado dessas coisas novas, Irmão Cinza, mas me traga notícias sempre.

– Você não se esquecerá de que é um lobo? Os homens não farão você esquecer? – perguntou o Irmão Cinza ansiosamente.

O Livro da Selva

– Nunca. Sempre vou me lembrar de que eu amo você e todos na nossa caverna. Mas também sempre lembrarei que fui expulso da alcateia.

– E que você também pode ser expulso de outro bando. Os homens são apenas homens, irmãozinho, e a conversa deles é como a conversa dos sapos em uma lagoa. Quando eu voltar aqui, vou esperar você perto daqueles bambus na margem das plantações.

Por três meses depois daquela noite, Mogli mal saía pelos portões da aldeia, pois estava muito ocupado aprendendo os costumes e as maneiras dos homens. De início, teve que usar roupa, o que o incomodava horrivelmente. Depois, teve que aprender sobre o dinheiro, do qual não conseguia entender nada, e também sobre agricultura, cuja utilidade lhe era inexistente. E então as crianças da aldeia deixaram-no muito irritado. Por sorte, a Lei da Selva o havia ensinado a controlar o temperamento, pois a vida na selva e o alimento dependem disso. Mas tiravam sarro dele pois não brincava ou soltava pipa, ou porque pronunciava errado uma palavra.

Foi apenas o conhecimento de que não era correto matar filhotes pelados que o impediu de pegá-los e parti-los em dois. Ele não conhecia a própria força. Na selva ele sabia que era fraco quando comparado às feras, mas, na aldeia, as pessoas diziam que ele era forte como um touro. E Mogli não tinha a menor ideia da diferença que a casta faz entre os homens. Quando o burro do oleiro escorregou e caiu na poça de barro, Mogli o puxou pela cauda e o ajudou a empilhar os potes para sua jornada até o mercado de Khanhiwara. Isso foi impressionante para o oleiro, pois ele é de uma casta baixa, e o burro é pior ainda.

Quando o guru o repreendeu, Mogli ameaçou colocá-lo em cima do burro também, então o sábio disse ao marido de Messua que Mogli deveria começar a trabalhar o quanto antes. O chefe da aldeia disse a Mogli que ele deveria ir com os búfalos no dia seguinte e agrupá-los enquanto eles pastam. Ninguém estava mais contente que Mogli, e naquela noite, por ter sido indicado como trabalhador da aldeia, por

RUDYARD KIPLING

assim dizer, ele pôde participar de um círculo que se reunia todas as noites em uma plataforma de alvenaria sob uma grande figueira.

Era o clube da aldeia. O chefe da aldeia, o vigilante, o barbeiro, que sabia de todas as fofocas, e o velho Buldeo, o caçador da aldeia que tinha um mosquete, ali se reuniam e fumavam. Os macacos sentavam-se e conversavam nos galhos mais altos, e havia um buraco sob a plataforma onde uma naja vivia, e ela tinha seu pequeno prato de leite todas as noites, pois era sagrada. E os velhos homens se sentavam ao redor da árvore, conversavam e fumavam seus grandes *huqas* (narguilés) até tarde da noite.

Eles contavam histórias fantásticas sobre deuses, homens e fantasmas. E Buldeo contou ainda outras histórias magníficas sobre as feras da selva, até que os olhos das crianças, que ficaram sentadas ao redor do círculo, quase saltavam das órbitas. A maioria das histórias era sobre animais, pois a selva estava logo ali. O cervo e o porco selvagem cavavam suas plantações e às vezes um tigre carregava um homem pelo crepúsculo, bem à vista dos portões da aldeia. Mogli, que naturalmente sabia um pouco sobre o que eles estavam falando, tinha que cobrir o rosto para esconder que estava rindo, enquanto Buldeo, com o mosquete entre as pernas, passava de uma história para outra. Os ombros de Mogli chacoalhavam. Buldeo estava explicando que o tigre que havia roubado o filho de Messua era um tigre fantasma, e seu corpo era habitado pelo fantasma de um velho e perverso agiota, que havia morrido anos atrás.

– E eu sei que isso é verdade – ele disse –, pois Purun Dass sempre mancava devido a um golpe que havia tomado em uma briga em que seus livros de contabilidade tinham sido queimados. E o tigre do qual falo manca também, pois o rastro de suas patas é irregular.

– Verdade, verdade. Isso deve ser verdade – diziam os anciãos, balançando a cabeça.

– Será que todas essas histórias são velhas e inventadas? – perguntou Mogli. – O tigre manca porque nasceu manco, como todo mundo sabe.

O Livro da Selva

Falar sobre a alma de um agiota em uma fera que nunca teve a coragem de um chacal é conversa de criança.

Buldeo ficou emudecido de surpresa por um momento, e o chefe da aldeia o observou.

– Rá! É o moleque da selva, não é? Se você é tão esperto, melhor trazer a pele dele para Khanhiwara, pois o Governo está pagando uma recompensa de cem rúpias pela vida dele. Melhor ainda, fique quieto enquanto os mais velhos falam.

Mogli levantou-se para ir embora.

– Durante toda a noite, eu fiquei aqui e escutei – disse por cima do ombro – e, exceto por uma ou duas vezes, Buldeo só disse mentiras sobre a selva, que está logo ali. Como, então, eu deveria acreditar nas histórias de fantasmas, deuses e duendes que ele diz ter visto?

– Já é hora de o menino ir pastorar – disse o chefe da aldeia, enquanto Buldeo ofegava e bufava com a impertinência de Mogli.

O costume da maioria dos homens da aldeia era mandar os meninos levarem o gado e os búfalos para pastar cedinho na manhã e voltar com eles à noite. O mesmo gado que poderia pisotear um homem até a morte permitia ser golpeado, coagido e conduzido por crianças tão pequenas que mal alcançavam seu nariz. Contanto que os meninos se mantivessem perto do rebanho, eles estariam a salvo, pois nem mesmo um tigre enfrentaria uma aglomeração. Se eles se afastavam para colher flores ou caçar lagartos, às vezes eram levados.

Mogli chegou à rua da aldeia ao amanhecer, sentado nas costas de Rama, o grande touro do rebanho. Os búfalos, que eram de um tom azul-ardósia, com seus chifres voltados para trás e olhos selvagens, surgiram dos seus currais, um por um, e o seguiram. Mogli deixou bem claro para as crianças que o acompanhavam que ele era o líder. Ele batia nos búfalos com um bambu liso e comprido, e disse a Kamya, um dos meninos, para levar o gado para pastar, enquanto ele ia com os búfalos. Disse também para não se afastarem do rebanho.

Um pasto indiano é cheio de pedras, mato, arbustos e pequenos barrancos, por entre os quais os rebanhos se espalham e desaparecem. Os búfalos geralmente ficam em poças e lugares lamacentos, onde eles chafurdam ou relaxam na lama quente por horas. Mogli os levou até a margem da planície, onde Waingunga saía da floresta. E então ele saltou das costas de Rama, trotou até o bambuzal e encontrou o Irmão Cinza.

– Ah – disse o Irmão Cinza –, esperei aqui por muitos dias. O que significa esse trabalho de pastor de gado?

– É uma ordem – disse Mogli. – Eu sou o pastor da aldeia por um tempo. Quais são as notícias de Shere Khan?

– Ele voltou ao território e esperou muito tempo por você. Agora foi embora novamente, pois as presas estão escassas. Mas ele pretende matar você.

– Muito bem – disse Mogli. – Enquanto ele estiver fora, você ou um dos seus irmãos sentará naquela pedra, para que eu possa vê-los quando eu sair da aldeia. Quando ele voltar, me espere no barranco perto da árvore *Dhak*[4], no centro da planície. Não devemos andar em direção à boca de Shere Khan.

E então Mogli escolheu um lugar na sombra e deitou-se para dormir enquanto os búfalos pastavam ao seu redor. Ser pastor na Índia é uma das coisas mais preguiçosas do mundo.

O gado se move e mastiga, e deita, e se move novamente, sem nem mesmo mugir. Eles apenas grunhem; e os búfalos raramente dizem alguma coisa, mas entram nas poças enlameadas um depois do outro e se afundam na lama até restar apenas o nariz e os olhos azuis aparecendo sobre a superfície. E então deitam-se como se fossem cachorros.

O sol fazia as pedras dançarem no calor, e as crianças pastoras ouviam um milhafre (e nunca mais que um) assobiando quase escondido no céu, e sabiam que se elas ou uma vaca morressem, aquele milhafre mergulharia até o chão, e outro milhafre a quilômetros de distância o

---

4   Conhecida como Flor do Fogo, árvore típica da Índia e do Sudeste Asiático. (N. T.)

veria descendo, e o próximo também veria, e o próximo, e antes que estivessem mortos haveria um grande número de milhafres famintos surgindo do nada.

Os meninos dormem, acordam e dormem novamente. Eles constroem pequenos cestos com grama seca e colocam grilos dentro deles, ou pegam dois louva-a-deus e os colocam para brigar. Ou fazem um colar com nozes selvagens vermelhas e pretas, ou observam um lagarto relaxar sobre uma pedra, ou uma serpente caçar um sapo perto do lamaçal. Eles cantam longas canções com um estranho trinado nativo no final delas, e o dia parece mais longo que a maioria da vida inteira das pessoas. Às vezes, fazem um castelo de lama com bonecos de homens, cavalos e búfalos de lama, e colocam bambus nas mãos dos homens, e fingem que são reis e os bonecos são seus exércitos, ou que são deuses a serem adorados. E então a noite chega e as crianças chamam os búfalos, que saem das poças enlameadas e grudentas fazendo barulhos como de tiros sendo disparados, um após o outro, e todos eles se enfileiram na planície acinzentada de volta às luzes brilhantes da aldeia.

Dia após dia, Mogli conduzia os búfalos até o lamaçal, e dia após dia, ele via o Irmão Cinza a mais de dois quilômetros de distância, do outro lado da planície, assim ele sabia que Shere Khan não havia voltado. E dia após dia ele deitava na grama ouvindo os sons ao redor dele, sonhando com os dias passados na selva. Se Shere Khan tivesse dado um passo em falso com a pata manca nas selvas perto de Waingunga, Mogli o teria ouvido naquelas longas e silenciosas manhãs. Por fim, chegou o dia em que ele não viu o Irmão Cinza no local combinado, e ele riu e conduziu os búfalos pelo barranco perto da árvore *Dhak*, que estava coberta de flores dourado-avermelhadas.

Lá estava o Irmão Cinza, com cada pelo do corpo eriçado.

– Ele esteve escondido por um mês para abaixar sua guarda. Cruzou os limites ontem à noite com Tabaqui, seguindo sua trilha – disse o lobo, ofegante. Mogli franziu a testa.

– Não tenho medo de Shere Khan, mas Tabaqui é muito esperto.

– Não tenha medo – disse Irmão Cinza, lambendo um pouco os lábios. – Encontrei Tabaqui no amanhecer. Agora ele está dividindo toda a sua sabedoria com os milhafres, mas me disse tudo antes de eu quebrar sua coluna. O plano de Shere Khan é esperar por você no portão da aldeia esta noite. Você e ninguém mais. Ele está lá agora, no grande barranco seco de Waingunga.

– Ele comeu hoje ou ele caça de barriga vazia? – perguntou Mogli, pois a resposta significaria sua vida ou morte.

– Ele matou um porco ao amanhecer e também bebeu água. Lembre-se, Shere Khan nunca jejua, nem mesmo por uma vingança.

– Ah! Tolo, tolo. Que filhote ele é! Comeu e bebeu também, e ele acha que vou esperar até que ele durma! Agora, diga-me onde ele está deitado? Se houvesse pelo menos dez de nós poderíamos capturá-lo enquanto ele dorme. Esses búfalos não vão atacá-lo a menos que farejem seu cheiro, e eu não falo a língua deles. Podemos seguir a trilha de Shere Khan para que eles possam sentir seu cheiro?

– Ele nadou até Waingunga para impedir isso – disse Irmão Cinza. – Tabaqui disse isso a ele, eu acho. Nunca teria pensado nisso sozinho.

Mogli ficou com um dos dedos na boca, pensativo.

– O grande barranco de Waingunga. Ele dá para a planície a menos de um quilômetro daqui. Posso levar o rebanho pela selva até o começo do barranco e então descê-lo correndo, mas ele escaparia por baixo. Devemos bloquear esse pedaço. Irmão Cinza, você pode dividir o rebanho para mim?

– Talvez eu não possa, mas trouxe um ajudante inteligente.

Irmão Cinza trotou e pulou dentro de um buraco. De lá surgiu uma enorme cabeça acinzentada que Mogli conhecia muito bem, e o ar quente foi preenchido com o uivo mais desolador de toda a selva. O uivo de caçada de um lobo ao meio-dia.

– Akela! Akela! – animou-se Mogli, batendo palmas. – Eu devia saber que você não me esqueceria. Temos muito trabalho pela frente.

O Livro da Selva

Divida o rebanho em dois, Akela. Mantenha as vacas e os bezerros juntos de um lado, e os touros e búfalos do outro.

Os dois lobos correram, formando uma corrente, por dentro e por fora do rebanho, que bufava e mexia a cabeça, e o separou em dois grupos. Em um estavam as fêmeas com seus filhotes no centro, que faziam cara feia e pisoteavam o solo prontas para atacar e esmagar qualquer lobo que permanecesse parado por um momento. No outro grupo, os touros jovens e velhos bufavam e batiam os cascos no chão, e apesar de parecerem mais imponentes, eram muito menos perigosos, já que não tinham bezerros para proteger. Nem seis homens teriam dividido tão bem um rebanho.

– E agora? – ofegou Akela. – Eles querem se juntar de novo.

Mogli sentou-se sobre as costas de Rama.

– Guie os machos para a esquerda, Akela. Irmão Cinza, quando formos embora, mantenha as fêmeas juntas e leve-as até o pé do barranco.

– Até que distância? – Irmão Cinza perguntou ofegante, enquanto mostrava os dentes.

– Até que os lados sejam mais altos do que Shere Khan pode saltar – gritou Mogli.

– Mantenha-as lá até termos chegado.

Os machos se moveram assim que Akela uivou, e Irmão Cinza parou em frente às fêmeas. Elas disparam em sua direção e ele correu à frente delas até chegar ao pé do barranco, enquanto Akela conduzia os machos para a esquerda.

– Muito bem. Mais uma ameaça e eles estarão prontos. Cuidado agora, cuidado, Akela. Uma mordida mais forte e os machos atacarão. Uff! Isso é muito mais difícil que caçar um antílope-negro. Quem imaginaria que essas criaturas pudessem se mover tão depressa? – Mogli disse.

– Eu imaginava. Cacei muitos desses na minha época – arfou Akela na poeira. – Devo levá-los para a selva?

– Sim, leve-os. Conduza eles rapidamente. Rama está com muita raiva. Ah, se eu pudesse falar o que quero dele hoje.

Os machos foram conduzidos para a direita dessa vez e entraram no matagal alto. As outras crianças pastoras, observando tudo com o gado a quase um quilômetro de distância, correram de volta para a aldeia tão rápido quanto suas pernas permitiram, gritando que os búfalos tinham enlouquecido e fugido. Mas o plano de Mogli era muito simples. Tudo o que ele queria era fazer um grande círculo morro acima e chegar até o começo do barranco, e então fazer os búfalos descerem encurralando Shere Khan entre eles e as fêmeas. Mogli sabia que depois de uma refeição e de beber água, Shere Khan não estaria em condições de lutar nem de escalar as laterais do barranco.

Ele agora acalmava os búfalos com sua voz, e Akela havia ido para trás do grupo, uivando algumas vezes só para acelerar a retaguarda. Era um grande círculo, pois não queriam chegar muito perto da beirada do barranco e assim alertar Shere Khan. Por fim, Mogli reuniu o grupo desorientado no topo do barranco em uma área com grama, que se inclinava abruptamente.

Daquela altura ele conseguia ver do topo das árvores até a planície abaixo, mas Mogli olhava para as laterais do barranco, e viu com grande satisfação que elas eram praticamente verticais, enquanto os cipós e as trepadeiras que pendiam ali não serviriam de apoio para um tigre que quisesse fugir.

– Deixe-os respirar, Akela – disse Mogli levantando a mão. – Eles ainda não sentiram o cheiro dele. Deixe-os respirar. Devo avisar Shere Khan quem está vindo. Nós o prendemos em uma armadilha.

Colocou as mãos ao redor da boca e gritou para o barranco abaixo. Era quase como gritar em um túnel, e os ecos pularam de pedra em pedra. Depois de muito tempo, veio o som de um rosnado arrastado e sonolento de um tigre bem alimentado que havia acabado de acordar.

– Quem chama? – perguntou Shere Khan, enquanto um esplêndido pavão voava para fora do barranco, piando.

– Eu, Mogli. Ladrão de gado, é hora de vir para a Pedra do Conselho! Para baixo, Akela, faça-os ir para baixo. Vá, Rama, vá!

O rebanho hesitou por um momento na beirada da encosta, mas Akela deu o uivo de caça com toda a força e eles se lançaram um após o outro, como uma avalanche, atirando areia e pedras para todos os lados. Uma vez iniciado o estouro, não havia chances de pará-lo, e antes que chegassem ao pé do barranco, Rama farejou Shere Khan e mugiu.

– Rá! Rá! – disse Mogli, montado nele. – Agora você entendeu – E a enxurrada de chifres pretos, focinhos espumando e olhos vidrados desceu o barranco feito um turbilhão de pedregulhos em uma enchente. Os animais mais fracos eram empurrados para as laterais do barranco arrancando as trepadeiras. Eles sabiam qual era seu foco, o terrível estouro da manada de búfalos contra o qual tigre nenhum tem chance.

Shere Khan ouviu o barulho dos cascos, levantou-se e moveu-se pelo local, olhando para todos os lados em busca de uma rota de fuga, mas as paredes do barranco eram quase verticais e ele teve que se segurar, pesado por causa do jantar e da água, querendo fazer tudo, menos lutar. O rebanho alcançou a poça da qual ele havia acabado de sair, mugindo até fazer ressoar a estreita abertura da planície.

Mogli ouviu um mugido de resposta vindo do pé do barranco e viu Shere Khan virar-se (o tigre sabia que, se o pior acontecesse, era melhor encarar os machos do que as fêmeas com seus filhotes). E então Rama tropeçou, titubeou e continuou, pisando em algo macio, e, assim como os touros em seu encalço, colidiu com toda a força no outro rebanho, enquanto os búfalos mais fracos eram levantados devido ao choque do encontro. Aquele estouro direcionou os dois rebanhos para a planície, chifrando, pisoteando e bufando. Mogli aproveitou o momento e desceu das costas de Rama, batendo nos dois lados dele com o bambu.

– Rápido, Akela! Separe-os. Disperse-os ou eles começarão a brigar uns com os outros. Leve-os daqui, Akela. Ei, Rama! Ei, ei, ei! Minhas crianças. Com calma agora, calma. Já terminou.

Akela e o Irmão Cinza correram de lá para cá mordiscando as pernas dos animais, e embora o rebanho tenha se virado mais uma vez para o barranco, Mogli conseguiu conduzir Rama e os outros o seguiram para

RUDYARD KIPLING

o lamaçal. Shere Khan não precisava mais ser pisoteado. Ele estava morto e os milhafres já estavam vindo buscá-lo.

– Irmãos, esta foi uma morte de cão – disse Mogli, procurando pela faca que ele sempre carregava em uma bainha ao redor do pescoço agora que vivia com os homens. – Mas ele nunca teria nos enfrentado. Sua pele ficará bonita na Pedra do Conselho. Precisamos trabalhar depressa.

Um menino criado entre homens nunca teria sonhado em tirar a pele de um tigre de três metros sozinho, mas Mogli sabia melhor do que ninguém como se veste a pele de um animal e como pode ser retirada. Era um trabalho duro, e Mogli retalhou, rasgou e grunhiu por uma hora, enquanto os lobos permaneciam com as línguas penduradas ou vinham ajudá-lo quando ele pedia. De repente, Mogli sentiu uma mão em seu ombro e olhando para cima viu Buldeo com seu mosquete. As crianças tinham contado para todos na aldeia sobre o estouro dos animais e Buldeo saiu de lá com raiva, ansioso demais para dar uma bronca em Mogli por não cuidar direito do rebanho. Os lobos sumiram de vista assim que viram o homem se aproximando.

– Que loucura é essa? – perguntou Buldeo irritado. – Pensar que você pode tirar a pele de um tigre! Onde os búfalos o mataram? É o tigre que manca ainda por cima, e tem uma recompensa de cem rúpias pela cabeça dele. Muito bem, vamos ignorar que você deixou o rebanho fugir e talvez eu dê a você uma das rúpias da recompensa quando eu levar a pele para Khanhiwara.

Ele fuçou na roupa ao redor da cintura procurando pela pedra e pelo metal usados para fazer fogo e chamuscou os bigodes de Shere Khan. A maioria dos caçadores nativos sempre queima os bigodes de um tigre para evitar que o fantasma dele os persiga.

– Hum! – disse Mogli, em parte para si mesmo, enquanto tirava a pele de uma das patas dianteiras. – Então você vai levar a pele para Khanhiwara para buscar a recompensa e talvez me dê uma rúpia? Tenho na mente que preciso dessa pele para o meu próprio uso. Ei! Velhote, afaste o fogo.

O Livro da Selva

– Que jeito é esse de falar com o caçador chefe da aldeia? Foi sorte e a burrice dos búfalos que ajudaram você a matá-lo. O tigre havia acabado de comer, ou então estaria a quilômetros de distância a essa hora. Você nem sabe esfolá-lo direito, seu mendiguinho, e quer me dizer que eu não posso chamuscar os bigodes dele? Mogli, eu não darei a você uma *anna*[5] da recompensa, mas uma grande surra. Deixe a carcaça!

– Pelo touro que me comprou – disse Mogli, que estava tentando chegar ao ombro do tigre –, será que vou ficar aqui falando com um macaco velho o dia todo? Aqui, Akela, esse homem está me incomodando.

Buldeo, que ainda estava inclinado sobre a cabeça de Shere Khan, encontrou-se, de repente, estendido na grama, com um lobo acinzentado parado sobre ele, enquanto Mogli continuou tirando a pele como se estivesse sozinho por toda a Índia.

– Sim, sim – ele disse, entredentes. – Você está certíssimo, Buldeo. Você nunca me dará uma *anna* da recompensa. Há uma velha guerra entre esse tigre manco e eu. Uma guerra muito antiga, e eu ganhei.

Para ser justo com Buldeo, se fosse dez anos mais novo, teria tido uma chance com Akela, se o tivesse encontrado na floresta. Mas um lobo que obedecia às ordens de um menino que tinha guerras privadas com tigres que comiam homens não era um animal comum.

Isso era feitiçaria, mágica do pior tipo, pensou Buldeo, e se perguntou se o amuleto ao redor do pescoço o protegia. Ele permaneceu imóvel, esperando para ver se Mogli se tornaria um tigre também.

– Marajá! Grande Rei! – disse ele por fim, em um sussurro rouco.

– Sim – disse Mogli, sem virar a cabeça, rindo um pouco.

– Eu sou um velho homem. Não sabia que você era mais do que um menino pastor. Posso me levantar e ir embora, ou seu servo me rasgará em pedaços?

– Vá, e que a paz vá com você. Na próxima vez, não se meta com a minha caça. Deixe-o ir, Akela.

---

5   Anna foi uma moeda usada na Índia e no Paquistão e equivale a 1/16 rúpias. Deixou de ser a moeda usada na Índia em 1957 e no Paquistão em 1961. (N.T.)

RUDYARD KIPLING

Buldeo mancou o mais rápido que pôde até a aldeia, olhando por cima do ombro caso Mogli se transformasse em alguma coisa terrível. Quando chegou à aldeia, contou uma história sobre mágica, encantamento e feitiçaria que fez o guru olhá-lo de maneira séria.

Mogli continuou o trabalho, mas o sol já estava quase se pondo quando ele e os lobos conseguiram tirar a grande pele vistosa do corpo do tigre.

– Agora precisamos esconder isso e levar os animais para casa. Ajude-me a agrupá-los, Akela.

O rebanho se reuniu no crepúsculo nublado, e quando se aproximaram da aldeia, Mogli viu luzes e ouviu as cornetas e os sinos do templo soando e batendo. Metade da vila parecia estar esperando por ele no portão.

– Isso é porque eu matei Shere Khan – disse a si mesmo.

Mas uma chuva de pedras passou assobiando perto da sua orelha, e os aldeões gritavam:

– Feiticeiro! Filhote de lobo! Demônio da selva! Vá embora! Fuja rápido ou o guru transformará você novamente em um lobo! Atire, Buldeo, atire!

O velho mosquete atirou com um estrondo e um jovem búfalo mugiu de dor.

– Mais feitiçaria – gritaram os aldeões. – Ele pode desviar balas. Buldeo, aquele era o seu búfalo.

– O que é isto? – perguntou Mogli, perplexo, enquanto mais pedras estavam voando.

– Eles não são diferentes da alcateia, esses seus irmãos – disse Akela, sentando-se tranquilamente. – Acredito que estão expulsando você, se essas balas significam algo.

– Lobo! Filhote de lobo! Vá embora! – gritou o guru, agitando um raminho de *tulsi*[6], a planta sagrada.

---

6   Também conhecido como manjericão-sagrado ou manjericão-santo. (N.T.)

O Livro da Selva

– De novo? Da última vez foi porque eu era um homem. Desta vez é porque eu sou um lobo. Vamos embora, Akela.

Uma mulher, Messua, correu por entre o rebanho e chorou:

– Meu filho, meu filho! Eles dizem que você é um feiticeiro que pode se transformar em uma fera. Eu não acredito nisso, mas vá embora ou vão matá-lo. Buldeo diz que você é um mago, mas sei que você vingou a morte de Nathoo.

– Volte, Messua! – gritou a multidão. – Volte, ou acertaremos pedras em você.

Mogli deu uma risada curta e feia, pois uma pedra o atingira na boca.

– Volte correndo, Messua. Essa é uma das histórias tolas que eles contam embaixo da grande figueira no entardecer. Eu pelo menos paguei pela vida do seu filho. Adeus, e vá rápido, pois mandarei o rebanho tão depressa quanto as pedras deles. Não sou nenhum mago, Messua. Adeus, e vá rápido.

– Agora mais uma vez, Akela – ele pediu. – Traga o rebanho.

Os búfalos estavam ansiosos o suficiente para entrar na aldeia. Quase não precisaram do uivo de Akela, dispararam pelo portão como um tornado, dispersando a multidão para todos os lados.

– Contem todos! – gritou Mogli desdenhosamente. – Posso ter roubado um deles. Contem todos, pois não cuidarei mais dos seus rebanhos. Adeus, crianças dos homens, e agradeçam a Messua por eu não voltar com meus lobos e caçá-los pelas ruas.

Virou-se sobre os calcanhares e foi embora com o lobo solitário, e ao olhar para as estrelas, sentiu-se feliz.

– Chega de dormir em armadilhas, Akela. Vamos pegar a pele de Shere Khan e ir embora. Não vamos invadir a aldeia, pois Messua foi gentil comigo.

Quando a lua surgiu sobre a planície, iluminando tudo, os aldeões horrorizados viram Mogli com dois lobos ao seu encalço e um embrulho sobre sua cabeça, trotando o trote dos lobos que faz com que eles avancem tão rápidos como o fogo. Então eles bateram os sinos e soaram as cornetas mais alto do que nunca. E Messua chorou, e Buldeo aumentou a história de suas aventuras na selva, até terminar dizendo que Akela ficou sobre duas patas e falou como um homem.

A lua estava se pondo quando Mogli e os dois lobos chegaram à colina da Pedra do Conselho e pararam na caverna da Mãe Loba.

– Eles me expulsaram da alcateia dos homens, mãe – disse Mogli. – Mas eu vim com a pele de Shere Khan para cumprir a minha palavra.

Mãe Loba caminhou duramente para fora da caverna com os filhotes atrás dela e seus olhos brilharam quando ela viu a pele.

– Eu disse a ele aquele dia, quando ele enfiou a cabeça e os ombros nesta caverna, caçando você, sapinho. Eu disse a ele que o caçador seria a caça. Bem feito.

– Irmãozinho, foi muito bem feito – disse uma voz rouca no matagal. – Estávamos sozinhos na selva sem você. – Baguera veio correndo até os pés de Mogli.

Eles escalaram até a Pedra do Conselho juntos, e Mogli esticou a pele de Shere Khan na pedra achatada onde Akela costumava se sentar e a prendeu com quatro lascas de bambu. Akela deitou-se sobre ela e pronunciou o velho chamado do Conselho:

– Olhem, olhem bem, ó, lobos. – Exatamente como ele havia feito quando Mogli fora trazido pela primeira vez.

Desde que Akela havia sido deposto, a alcateia estava sem um líder, caçando e lutando de acordo com sua vontade. Mas eles responderam ao chamado por hábito. Alguns estavam mancos por causa das armadilhas em que haviam caído, alguns mancavam por causa de tiros, outros, por comerem alimentos ruins, e vários estavam desaparecidos. Mas eles vieram à Pedra do Conselho, todos os que restarem deles, e viram a pele listrada de Shere Khan sobre a pedra, e as enormes garras penduradas na ponta das patas.

Foi então que Mogli inventou uma canção que surgiu sozinha em sua garganta. Ele a cantou em voz alta, saltando sobre a pele esticada e

O Livro da Selva

marcando o tempo com o calcanhar até não ter mais fôlego, enquanto Irmão Cinza e Akela uivavam entre os versos.

– Olhem bem, ó, lobos. Eu cumpri minha promessa? – perguntou Mogli. E os lobos responderam "sim", e um lobo maltrapilho uivou:

– Seja nosso líder de novo, ó, Akela. Seja nosso líder de novo, ó, Filhote de Homem, pois estamos cansados dessa falta de leis, e seremos o Povo Livre mais uma vez.

– Não – ronronou Baguera –, isso não vai acontecer. Quando estiverem bem alimentados, a loucura pode cair sobre vocês novamente. Não é à toa que vocês são chamados de Povo Livre. Vocês lutaram pela liberdade e agora vocês a têm. Comam-na, ó, lobos.

– Eu fui expulso da Alcateia dos Lobos e da Alcateia dos Homens – disse Mogli.

– Agora vou caçar sozinho na selva.

– Vamos caçar com você – disseram os quatro filhotes.

E então Mogli foi embora e caçou com os quatro filhotes na selva daquele dia em diante. Mas ele não estava sempre sozinho, pois alguns anos depois, ele se tornou um homem e se casou. Mas isso é história de adultos.

A canção de Mogli

QUE ELE CANTOU NA PEDRA DO CONSELHO QUANDO DANÇOU SOBRE A PELE DE SHERE KHAN

A Canção de Mogli, eu, Mogli, estou cantando.
Deixa a selva ouvir as coisas que fiz.
Shere Khan disse que me mataria, me mataria!
Nos portões ao entardecer, ele mataria Mogli, o Sapo!
Ele comeu e bebeu. Beba muito, Shere Khan,
pois quando beberá de novo? Durma e sonhe com a caçada.
Eu estou sozinho no pasto. Irmão Cinza, venha até mim!
Venha até mim, Lobo Solitário, pois há uma grande caçada em andamento.
Tragam os grandes búfalos, o rebanho de pele azulada com olhos raivosos. Conduza-os de um lado para o outro, conforme eu ordeno.
Ainda dormindo, Shere Khan? Acorde, oh, acorde!
Aqui vou eu, e os búfalos vêm atrás.
Rama, o Rei dos Búfalos, bate os cascos no chão.
Águas de Waingunga, para onde foi Shere Khan?
Ele não é Ikki para cavar buracos, nem Mao, o pavão, para voar.
Não é Mang, o morcego, para se pendurar nos galhos.
Pequenos bambus que estalam juntos, digam-me para onde ele fugiu?

Uau! Ali está ele. Uhu! Ali está. Sob a pata de Rama está o Manco.
Levante-se, Shere Khan!
Levante-se e mate. Aqui está a carne, quebre o pescoço dos búfalos. Psiu!
Ele está dormindo. Não vamos acordá-lo, pois sua força é enorme.
Os milhafres vieram para observar.
As formigas pretas vieram para conhecer.
Há uma grande assembleia em sua honra. Alala!
Não tenho roupa para vestir.
Os milhafres verão que estou nu.
Estou com vergonha de conhecer todas essas pessoas.
Empreste-me sua roupa, Shere Khan.
Empreste-me seu casaco listrado e vistoso para
que eu vá à Pedra do Conselho.
Pelo búfalo que me comprou, eu faço uma promessa, uma pequena
promessa. Falta apenas o seu casaco para que eu a cumpra.
Com a faca, com a faca que os homens usam, com a faca
dos caçadores, eu me inclinarei para o meu presente.

Águas de Waingunga, Shere Khan me deu sua pele
pelo amor que sente por mim.

Puxe, Irmão Cinza! Puxe, Akela! Pesada é a pele de Shere Khan.
A Alcateia de Homens está irritada.
Eles jogam pedras e falam igual crianças.
Minha boca está sangrando. Deixe-me fugir.
Pela noite, pela noite quente, corram depressa comigo, meus irmãos.
Deixaremos as luzes da aldeia em direção à luz baixa.

Águas de Waingunga, a Alcateia dos Homens me expulsou. Eu não
os machuquei, mas eles estavam com medo de mim.

O Livro da Selva

Por quê?
Alcateia de Lobos, vocês me expulsaram também.
A selva está fechada para mim e também os portões da aldeia.
Por quê?
Assim como Mang voa entre feras e pássaros,
Eu voo entre a aldeia e a selva.
Por quê?
Eu danço sobre a pele de Shere Khan, mas meu coração
está muito pesado. Minha boca está cortada e machucada
das pedras da aldeia, mas meu coração está muito leve,
porque eu voltei para a selva.
Por quê?
Essas duas coisas brigam dentro de mim assim
como as serpentes brigam na primavera.
A água escorre dos meus olhos, mas eu rio enquanto ela cai.
Por quê?
Eu sou dois Moglis, mas a pele de Shere Khan
está sob os meus pés.
Toda a selva sabe que eu matei Shere Khan.
Olhem, olhem bem, ó, Lobos!
Ahae! Meu coração está pesado com as coisas
que eu não consigo entender.

A foca branca

Oh! Acalme-se, meu bebê, a noite chega para nós,
As águas antes tão verdes, agora negras cintilam.
E a lua, bem acima no céu, nos observa a sós,
Enquanto descansamos por entre as ondas que desfilam.
No travesseiro feito de mar, é hora de sonhar,
Durma tranquila, minha criança,
As tempestades não a alcançarão, e nem o tubarão.
Durma tranquila que o oceano a balança.

Canção de Ninar das Focas

Todas estas coisas aconteceram há muitos anos em um lugar chamado Novastoshnah, ou Ponto Nordeste, na ilha de St. Paul[7], muito longe no Mar de Bering.

Limmershin, a cambaxirra[8] de inverno, me contou esta história quando foi levada pelo vento até o mastro de um navio a vapor que ia para o Japão, e eu o levei para minha cabine, esquentando-o e alimentando-o

---
7   Ilha localizada no Mar de Bering, pertence ao Alasca, região dos Estados Unidos. (N.T.)
8   Pássaro de pequeno porte encontrado nas Américas. Tem aproximadamente doze centímetros e se alimenta de larvas, aranhas e insetos. Também é conhecido como corruíra. (N.T.)

por alguns dias até ele estar preparado para voar de volta à ilha de St. Paul. Limmershin é um passarinho muito singular, mas sabe como contar a verdade. Ninguém vem a Novastoshnah, exceto a trabalho, e a única população que tem trabalho regularmente é a de focas. Elas vêm nos meses de verão, às centenas de milhares, saindo do mar cinza gelado. Isso porque a praia de Novastoshnah tem a melhor acomodação do mundo todo para focas.

Caçador do Mar sabia disso, e toda primavera ele nadava de onde estivesse, feito um barco torpedeiro, direto para Novastoshnah, e passava um mês brigando com seus companheiros pelo melhor lugar nas rochas, o mais perto possível do mar. Caçador do Mar tinha 15 anos, pelos enormes e cinzentos que pareciam uma juba sobre os ombros e dentes grandes e perversos como os de um cachorro. Quando ele se erguia sobre as nadadeiras da frente, ficava com mais de um metro e vinte, e seu peso, se alguém tivesse coragem de pesá-lo, era de mais de trezentos quilos. Ele era todo marcado por cicatrizes de lutas selvagens, mas estava sempre pronto para mais uma. Virava a cabeça para o lado, como se estivesse com medo de olhar o inimigo nos olhos, então disparava como um raio, e quando seus dentes enormes estavam firmemente fixados no pescoço da outra foca, ela poderia tentar fugir, mas Caçador do Mar não facilitaria.

Ele nunca perseguia uma foca machucada, pois isso era contra as Regras da Praia. Apenas queria um ninho perto do mar para criar seus filhotes. Mas como havia outras quarenta ou cinquenta mil focas lutando pela mesma coisa toda primavera, os assobios, gritos, berros e golpes na praia eram algo assustador.

Do topo de uma pequena colina chamada de Hutchinson era possível ver mais de cinco quilômetros de terra cobertos de focas brigando, e as ondas estavam pontilhadas por todos os lados com as cabeças das focas que nadavam até a praia para entrar na briga também. Elas brigavam na arrebentação, brigavam na areia e brigavam nas rochas basálticas lisas e desgastadas perto dos ninhos, pois eram tão estúpidas e teimosas quanto os homens. As esposas não vinham para a ilha até o final de maio ou início de junho, porque não queriam ser feitas em pedaços. As focas mais novas, machos e fêmeas, de até 4 anos de idade que não haviam encontrado parceiros, adentravam na ilha por mais de um quilômetro entre os grupos que brigavam e iam brincar nas dunas de areia aos bandos e legiões, esfregando-se em cada coisa verde que crescia. Elas eram chamadas de *holluschickie*, solteiras, e havia aproximadamente duzentas ou trezentas mil delas só em Novastoshnah.

Em uma primavera, Caçador do Mar havia acabado sua luta número quarenta e cinco quando Matkah, sua agradável e elegante esposa de olhos gentis, saiu do mar. Ele a pegou pela nuca e a jogou no espaço que havia reservado, dizendo de maneira áspera:

– Atrasada como sempre. Onde você estava?

Não era costume do Caçador do Mar comer durante os quatro meses que ele ficava na praia, e por isso seu humor era, em geral, ruim. Matkah sabia que era melhor não responder. Ela olhou ao redor e murmurou:

– Que atencioso de sua parte. Você pegou o mesmo lugar de sempre.

– Pelo visto sim – disse Caçador do Mar. – Olhe para mim!

Ele estava arranhado e sangrava em vinte lugares. Um olho estava quase para fora e as laterais do corpo pareciam fitas rasgadas.

– Ah, vocês, machos! – Matkah disse, abanando-se com uma das nadadeiras traseiras. – Por que vocês não podem ser sensatos e estabelecer os lugares em silêncio? Parece que você andou brigando com a baleia assassina.

– Eu não fiz nada além de brigar desde maio. A praia está abarrotada esta temporada. Encontrei pelo menos uma centena de focas da praia Lukannon procurando um lugar. Por que não podem permanecer onde estavam?

– Eu sempre achei que ficaríamos muito mais felizes se nadássemos até a ilha Otter em vez deste lugar lotado – disse Matkah.

– Bah! Apenas os *holluschickie* vão para a ilha Otter. Se fôssemos para lá, eles diriam que estamos com medo. Temos que manter as aparências, minha querida.

Caçador do Mar afundou a cabeça orgulhosamente entre os ombros gordos e fingiu dormir por alguns minutos, mas estava alerta o tempo todo, procurando uma briga. Agora que todas as focas e suas esposas estavam na praia, era possível ouvir o clamor delas por quilômetros mar adentro, mais alto que o mais forte dos ventos.

Contando por cima, havia mais de um milhão de focas na praia. Focas velhas, mães focas, filhotinhos e *holluschickie*, lutando, berrando, engatinhando e brincando juntos, indo e vindo do mar em bandos e turmas, deitando-se sobre cada espaço de areia até onde o olhar alcançava e brigando em grupos por entre a névoa.

A névoa está quase sempre cobrindo Novastoshnah, menos quando o sol sai e faz tudo parecer perolado e cheio de arco-íris por um tempinho. Kotick, o filhote de Matkah, nasceu no meio daquela confusão, e era apenas uma cabeça e ombros com pálidos olhos azuis da cor do mar, como pequenas focas devem ser, mas havia algo no seu pelo que fez sua mãe olhar para ele atentamente.

– Caçador do Mar – ela disse finalmente – nosso bebê vai ser branco!

– Pelas conchas de mexilhão vazias e algas marinhas secas! – bufou Caçador do Mar.

– Nunca existiu no mundo algo como uma foca branca.

– Eu não posso fazer nada – disse Matkah – Agora vai existir.

E cantou baixinho a canção das focas, que todas as mães cantam para os seus filhotes:

Até estar mais velho, você não pode nadar
Ou sua cabeça se junta ao calcanhar,
Os ventos do verão e também um tubarão
São perigosos para um filhote no mar.
São perigosos para um filhote no mar, pequenino,
Por isso não chegue perto,
Mas mergulhe e cresça forte,
E não precisará contar com a sorte,
Filhote do mar aberto.

O Livro da Selva

É óbvio que o pequeno não entendeu as palavras no início. Ele mexia as nadadeiras e tropeçava ao lado da mãe, e aprendeu a sair do caminho quando seu pai estava lutando com outra foca, os dois rolando e rugindo sobre as pedras escorregadias. Matkah costumava ir ao mar buscar coisas para comer, e o bebê só era alimentado a cada dois dias. Por isso ele comia tudo o que podia e crescia bastante.

A primeira coisa que ele fez foi rastejar pela ilha, e então ele conheceu dezenas de milhares de filhotes da sua idade, e eles brincavam juntos como cachorrinhos, iam dormir na areia limpa, e brincavam de novo. Os mais velhos não os notavam, os *holluschickie* permaneciam em seu território, e os filhotes brincavam bastante. Quando Matkah voltava de sua pesca em alto-mar, ela ia direto para o local das brincadeiras e chamava Kotick igual uma ovelha chama um cordeiro, esperando até ele responder. E então seguia em direção a ele, acertando e empurrando com suas nadadeiras frontais os mais novos para todos os lados.

Sempre havia centenas de mães procurando seus filhos pelos lugares onde eles brincavam, e os filhotes ficavam animados. Mas Matkah disse a Kotick:

– Contanto que você não entre em águas lamacentas e pegue sarna, ou se esfregue na areia dura até se cortar ou se arranhar, e contanto que você nunca vá nadar quando o mar estiver forte, nada vai te machucar aqui.

As focas filhotes nadam tão mal quanto bebês, mas ficam tristes até aprender. A primeira vez que Kotick entrou no mar, uma onda o carregou para o fundo e sua cabeçona afundou e suas nadadeiras traseiras se levantaram exatamente como sua mãe havia dito na canção, e se a próxima onda não o tivesse levado de volta, ele teria se afogado. Depois disso, ele aprendeu a deitar na praia e deixar as ondas apenas passarem por cima dele, levantando-o enquanto ele remava, mas sempre mantinha um olho nas ondas grandes que poderiam machucar.

Fazia duas semanas que ele estava aprendendo a usar suas nadadeiras, e todo o tempo ele se debatia para dentro e para fora da água, tossindo, grunhindo e se arrastando para a praia. Ele tirava sonecas na areia e voltava para o mar, até que finalmente descobriu que pertencia de verdade à água. E então você pode imaginar como ele se divertiu com seus amigos mergulhando por baixo das ondas; surfando nas cristas; aterrissando na areia quando a grande onda rodopiava e quebrava na praia; ficando em pé sobre sua cauda e coçando a cabeça como os velhos fazem; ou brincando de "Eu sou o rei do castelo" em cima das pedras escorregadias onde as ondas quebravam.

De vez em quando, ele via uma barbatana fina, como a de um grande tubarão, nadando perto da orla, e ele sabia que aquela era a Baleia Assassina, a orca, que come jovens focas quando consegue pegá-las. E Kotick nadava para a praia como uma flecha, enquanto a barbatana se afastava lentamente, como se não estivesse procurando nada.

No fim de outubro, as famílias e as tribos começavam a deixar St. Paul e iam para o alto-mar, então não havia mais briga pelos ninhos na praia e os *holluschickie* brincavam onde queriam.

– No ano que vem – dizia Matkah para Kotick –, você será um *holluschickie*, mas neste ano você precisa aprender a pegar peixes.

Eles saíram pelo Pacífico, e Matkah mostrou a Kotick como dormir de costas com suas nadadeiras coladas ao corpo e seu pequeno nariz para fora da água. Nenhum berço é tão confortável quanto o balanço suave e longo das ondas do Pacífico.

Quando Kotick sentiu sua pele arrepiar por todo o corpo, Matkah disse que ele estava aprendendo o "toque da água", e que essas sensações de formigamento significavam que uma tempestade se aproximava e que ele precisava nadar forte e fugir dali.

– Em pouco tempo – ela disse – você vai aprender para onde nadar, mas, por enquanto, vamos seguir o Porco-do-mar, o golfinho, porque ele é muito esperto.

Um grupo de golfinhos mergulhava e cortava as ondas, e o pequeno Kotick os seguiu tão rápido quanto pôde.

– Como vocês sabem para onde ir? – ele perguntou, ofegante.

O Livro da Selva

O líder do grupo revirou os olhos brancos e mergulhou.

– Minha cauda formiga, jovenzinho – ele disse. – Isso significa que tem um temporal chegando. Venha! Quando você estiver ao Sul da Água Grudenta (ele queria dizer o Equador) e sua cauda formigar, significa que há uma tempestade à sua frente e que você deve nadar para o norte. Venha! A água está estranha aqui.

Essa foi uma das várias coisas que Kotick aprendeu, e ele estava sempre aprendendo. Matkah o ensinou a seguir os cardumes de bacalhau e de linguado ao longo dos bancos de areia submersos e a arrancar peixes de suas tocas entre as algas; a desviar de destroços que estão a mais de cem metros de profundidade e a disparar como uma bala por uma escotilha e sair por outra enquanto os peixes fogem; a dançar na crista das ondas quando os raios estão atravessando o céu, e a abanar sua nadadeira educadamente para o albatroz-de-cauda-curta e a fragata quando eles cortam o vento; a pular mais de um metro para fora d'água como um golfinho, com as nadadeiras próximas ao corpo e a cauda curvada; a deixar os peixes-voadores em paz porque eles são puro osso; a morder um pedaço do bacalhau a toda velocidade a mais de quinze metros de profundidade, e a nunca parar para olhar um barco ou um navio, especialmente um barco a remo.

Depois de seis meses, o que Kotick não sabia sobre pescar em alto-mar eram apenas as coisas que não valiam a pena. E durante todo esse tempo ele nunca mais colocou as nadadeiras em terra firme. Um dia, porém, quando ele estava quase dormindo na água morna perto da ilha de Juan Fernandez, ele se sentiu fraco e cansado, assim como os humanos quando as pernas falham, e ele se lembrou das lindas praias de Novastoshnah a onze quilômetros de distância, das brincadeiras com seus amigos, do cheiro das algas marinhas, do barulho das focas e das brigas. No mesmo instante, virou-se para o norte, nadando continuamente e, conforme seguiu, encontrou-se com seus companheiros, todos indo para o mesmo lugar. Eles disseram:

93

– Olá, Kotick! Este ano todos nós somos *holluschickie* e podemos dançar a Dança do Fogo na arrebentação de Lukannon e brincar na relva nova. Mas onde você conseguiu essa pelagem?

O pelo de Kotick era quase totalmente branco agora, e mesmo tendo muito orgulho dele, apenas disse:

– Nadem rápido! Meus ossos estão implorando por terra.

Então todos eles voltaram para as praias onde nasceram, e ouviram as velhas focas, seus pais, brigando na névoa. Naquela noite, Kotick dançou a Dança do Fogo com as outras focas jovens.

O mar é cheio de fogo nas noites de verão, de Novastoshnah até Lukannon, e toda foca deixa um rastro parecido com óleo quente e um lampejo flamejante quando pula, e as ondas se quebram em grandes redemoinhos fluorescentes. E então eles adentraram a ilha até o território dos *holluschickie* e rolaram sobre o trigo selvagem e contaram histórias sobre as coisas que fizeram enquanto estavam no mar. Eles conversaram sobre o Pacífico como garotos falariam sobre uma floresta onde pegam castanhas, e se alguém os entendesse, poderia fazer um mapa do oceano como nunca existiu antes.

Os *holluschickie* de 3 e 4 anos desceram a Colina de Hutchinson brincando e gritando:

– Saiam do caminho, jovenzinhos! O mar é fundo e vocês não sabem tudo o que há nele ainda. Esperem até ter contornado o Cabo Horn. Ei você, rapazinho, onde você conseguiu esse pelo branco?

– Eu não consegui – disse Kotick –, nasci assim.

E quando ele estava prestes a atacar essa foca, um bando de homens de cabelo preto com rostos vermelhos surgiu por trás de uma duna de areia, e Kotick, que nunca havia visto um homem antes, arfou e baixou a cabeça. Os *holluschickie* se agruparam a alguns metros de distância e sentaram-se, encarando-os estupidamente.

Os homens eram ninguém menos que Kerick Booterin, o chefe dos caçadores de focas na ilha, e Patalamon, seu filho. Eles vinham da pequena aldeia a menos de um quilômetro de distância dos ninhos do mar, e estavam decidindo quais focas levariam até o matadouro, porque focas podem ser conduzidas igual ovelhas, para suas peles se tornarem jaquetas depois.

– Ah! – disse Patalamon. – Olhe! Uma foca branca!

Kerick Booterin ficou branco sob a sujeira e o óleo que o cobriam, pois ele era um aleúte, e aleútes não são pessoas limpas. E então começou a murmurar uma oração.

– Não toque nele, Patalamon. Nunca houve uma foca branca desde... desde que eu nasci. Talvez seja o fantasma de Zaharrof. Ele desapareceu no ano passado, na grande tempestade.

– Não vou chegar perto dele – disse Patalamon. – Ele dá azar. Você realmente acha que pode ser o velho Zaharrof? Eu devia a ele alguns ovos de gaivota.

– Não olhe para ele – ordenou Kerick. – Leve aquele grupo de 4 anos de idade. Os homens têm que tirar a pele de duzentas focas hoje, mas é começo de temporada e eles não têm prática com esse trabalho. Uma centena já está de bom tamanho. Rápido!

Patalamon chacoalhou um par de ossos de foca na frente de um grupo de *holluschickie* e eles permaneceram imóveis, ofegando e bufando. Então se aproximou e as focas começaram a se mexer, Kerick as direcionou para dentro da ilha e elas nem tentaram retornar para perto de seus amigos.

Centenas e centenas de milhares de focas observaram as outras sendo levadas, mas não fizeram nada. Kotick era o único que fazia perguntas e nenhum dos seus companheiros sabia lhe dizer nada, exceto que os homens sempre levavam as focas por aquele caminho por seis semanas ou dois meses, todos os anos.

– Eu vou segui-los – ele disse, e seus olhos quase saltaram das órbitas conforme se arrastava no rastro do bando.

– A foca branca está vindo atrás de nós – disse Patalamon. – É a primeira vez que uma foca vem até o matadouro sozinha.

RUDYARD KIPLING

– Shh! Não olhe para trás – disse Kerick. – É o fantasma de Zaharrof! Tenho que falar com o padre sobre isso.

A distância até o matadouro era de menos de um quilômetro, mas demorou mais de uma hora para chegarem lá, porque se as focas fossem muito depressa, Kerick sabia que elas esquentariam e sua pele sairia em pedaços quando fosse tirada. Então andaram bem devagar, passando pelo cabo do Leão-Marinho, pela casa Webster, até chegar na casa Sal, onde não se podia mais ver as focas na praia. Kotick os seguiu, ofegante e curioso.

Ele pensou que estava no fim do mundo, mas os gritos vindo dos ninhos das focas atrás dele eram tão altos quanto o barulho de um trem em um túnel. E então Kerick sentou-se sobre o mato e tirou do bolso um pesado relógio de peltre, deixando o bando descansar por meia hora. Kotick podia ouvir o orvalho da névoa pingando do boné dele. E então dez ou doze homens, cada um com um porrete de metal de um metro de comprimento, apareceram e Kerick apontou para uma ou duas focas do bando que tinham sido mordidas por outras ou que estavam muito quentes, e esses homens as chutaram para o lado com suas pesadas botas feitas da pele da garganta de uma morsa, e Kerick disse "Comecem!", e então os homens golpearam as focas na cabeça o mais rápido que puderam.

Dez minutos depois, o pequeno Kotick não reconhecia nenhum dos seus amigos mais, pois suas peles tinham sido arrancadas do focinho até a ponta da nadadeira traseira e jogadas em uma pilha no chão. Isso foi o suficiente para Kotick. Ele se virou e galopou (uma foca pode galopar muito rápido por pouco tempo) de volta ao mar. Seu novo bigode estava arrepiado de terror.

No cabo do Leão-Marinho, onde os grandes leões-marinhos sentam na borda da arrebentação, ele se arremessou na água fria com as nadadeiras cobrindo a cabeça e lá permaneceu, ofegando miseravelmente.

– Quem está aqui? – perguntou o leão-marinho de maneira grosseira, pois a regra dos leões marinhos é não se misturar.

O Livro da Selva

– *Scoochnie! Ochen scoochnie!* Sozinho, estou sozinho – disse Kotick.
– Eles estão matando todos os *holluschickie* em todas as praias!

O leão-marinho virou a cabeça para a costa.

– Que bobagem! – ele disse. – Seus amigos estão fazendo o mesmo barulho de sempre. Você deve ter visto o velho Kerick matando um bando. Ele tem feito isso há trinta anos.

– É horrível – disse Kotick, movendo-se para trás quando uma onda passou por ele e, com um movimento de torção da nadadeira, conseguiu se manter estável e a poucos centímetros da ponta afiada de uma pedra.

– Muito bom para um jovenzinho! – disse o leão-marinho, que sabia valorizar um bom nadador. – Acho que é horrível do seu ponto de vista, mas se vocês, focas, vêm para cá ano após ano, claro que os homens ficariam sabendo disso e, a menos que vocês possam encontrar uma ilha onde nenhum homem jamais esteve, vocês sempre serão abatidas.

– Existe alguma ilha assim? – perguntou Kotick.

– Eu segui os *poltoos* (os linguados) por vinte anos e não posso dizer que encontrei. Mas veja, você parece ter facilidade de falar com seus superiores. Vá até a ilhota das Morsas e fale com o Vitch do Mar. Talvez ele saiba de algo, mas não saia correndo assim. É uma jornada de quase dez quilômetros e, se eu fosse você, eu sairia da água e tiraria uma soneca, pequenino.

Kotick pensou que esse era um bom conselho e nadou até a sua própria praia, saiu da água e dormiu por meia hora, tremendo o corpo todo, como as focas fazem. E então foi direto para a ilhota das Morsas, uma ilha de superfície achatada e rochosa quase ao Nordeste de Novastoshnah, cheia de saliências, pedras e ninhos de gaivotas, onde as morsas se agrupam.

Ele parou perto do velho Vitch, uma morsa grande, feia, inchada, cheia de pintas, de pescoço gordo e longas presas do Pacífico Norte, que não tinha modos, exceto quando dormia, e era o que ela fazia no momento, com suas nadadeiras metade para fora e metade para dentro da água.

– Acorde – gritou Kotick, pois as gaivotas estavam fazendo muito barulho.

– Rá! Rou! Hunf! O que é isso? – perguntou Vitch, e com suas presas golpeou uma morsa que estava próxima e a acordou, e esta golpeou outra e assim por diante, até todas estarem acordadas e olhando para todas as direções, menos para a correta.

– Oi! Sou eu – disse Kotick, balançando nas ondas, parecendo uma lesma branca.

– Ora! Achei que estavam tirando minha pele – disse Vitch, e todos olharam para Kotick como um grupo de idosos sonolentos olharia para um garotinho. – Quase perdi meus pelos.

Kotick não podia mais ouvir falar sobre peles sendo arrancadas, já havia visto o suficiente. Então perguntou:

– Existe algum lugar onde as focas podem ir e que os homens nunca foram?

– Vá e encontre – disse Vitch, fechando os olhos. – Vá embora. Estamos ocupados aqui.

Kotick deu um pulo no ar como um golfinho e gritou o mais alto que pode:

– Comedor de marisco! Comedor de marisco! – ele sabia que Vitch nunca havia pescado um peixe na vida, mas sempre comia marisco e algas, e ainda assim fingia ser um animal terrível.

Naturalmente as *chickies*, as *gooverooskies* e os *epatkas* (gaivotas-hiperbóreas, gaivotas-tridáctilas e os papagaios-do-mar), que estão sempre procurando uma oportunidade de serem rudes, repetiram o chamado, foi isso que Limmershin me contou, e por quase cinco minutos não era possível ouvir um tiro sequer sendo disparado na ilhota das Morsas. Toda a população estava berrando e gritando: – Comedor de marisco! *Stareek* (velhote)! – enquanto Vitch rolava de um lado para o outro, grunhindo e resmungando.

– Agora você vai me dizer? – perguntou Kotick, sem fôlego.

O Livro da Selva

– Vá e pergunte ao dugongo[9] – disse Vitch. – Se ele ainda estiver vivo, poderá dizer a você.

– Como eu vou reconhecê-lo quando o vir? – perguntou Kotick, virando-se para ir embora.

– Ele é a única coisa no mar mais feia que Vitch – gritou uma das gaivotas, dando voltas bem embaixo do focinho de Vitch. – Mais feia, e bem mais mal-educada! *Stareek*!

Kotick nadou de volta para Novastoshnah, deixando para trás as gaivotas que gritavam.

Lá ele descobriu que ninguém simpatizava com sua tentativa de encontrar um lugar quieto para as focas. Disseram a ele que os homens sempre levaram os *holluschickie*, fazia parte do trabalho deles, e que se ele não queria ver coisas horríveis, não deveria ter ido até o matadouro. Mas nenhuma das outras focas havia visto a matança, e isso fazia a diferença entre ele e seus amigos.

Além disso, Kotick era uma foca branca.

– O que você deve fazer – disse o velho Caçador do Mar, depois que ouviu sobre as aventuras do filho – é crescer e ser uma foca grande como seu pai, e ter um ninho na praia, e então eles o deixarão em paz. Dentro de cinco anos você será capaz de lutar por você mesmo.

Até a gentil Matkah, sua mãe, disse:

– Você nunca vai ser capaz de acabar com a matança. Vá e brinque no mar, Kotick.

E Kotick foi e dançou a Dança do Fogo com o coraçãozinho muito pesado. Naquele outono, ele deixou a praia o mais cedo que pôde e partiu sozinho por causa de uma ideia que tinha na cabeça. Ele iria encontrar o dugongo, se existisse um ser como esse no mar, e iria encontrar uma ilha tranquila com praias firmes para as focas viverem, onde os homens não pudessem encontrá-las. Então, explorou e explorou por

---

9   Vaca-marinha-de-steller ou dugongo-de-Steller é uma espécie de mamífero marinho que foi extinta no século XVIII e habitava o Mar de Bering. Podia chegar a dez metros de comprimento e pesar até onze toneladas. O último animal foi morto em 1768. (N.T.)

conta própria do Norte ao Sul do Pacífico, nadando quase quinhentos quilômetros, dia e noite.

Viveu tantas aventuras que seria impossível contar sobre todas, e escapou por pouco de ser pego pelo tubarão-elefante, pelo tubarão--leopardo e pelo tubarão-martelo. Também se encontrou com bando-leiros suspeitos que ficam vadiando para cima e para baixo nos mares, enormes peixes educados, vieiras com manchas escarlates que ficam atracadas em um só lugar por centenas de anos e têm orgulho disso. Mas nunca encontrou o dugongo, nem uma ilha de que gostasse. Se a praia era boa e firme, com um declive atrás para as focas brincarem, havia sempre a fumaça de um navio baleeiro no horizonte, fervendo banha, e Kotick sabia o que isso significava. Ou então podia ver que as focas já tinham visitado a ilha e tinham sido mortas, e Kotick sabia que onde os homens já tinham ido uma vez, poderiam ir de novo.

Ele conversou com um velho albatroz-de-cauda-curta, que disse a ele que a ilha Kerguelen era um lugar calmo e tranquilo, e quando Kotick nadou até lá, quase foi feito em pedaços nos terríveis penhas-cos negros durante uma tempestade de granizo com raios e trovões. E quando conseguiu fugir do temporal, pôde ver que lá já havia sido um ninho de focas algum dia. E era assim em todas as ilhas que visitou.

Limmershin deu uma lista delas, pois disse que Kotick passou cin-co estações explorando, com um descanso de quatro meses a cada ano em Novastoshnah, quando os *holluschickie* tiravam sarro dele e de suas ilhas imaginárias.

Ele nadou até Galápagos, um lugar horrendo e seco no Equador, onde quase morreu assado; nadou até as Ilhas Georgia, as Orkneys, a Ilha Esmeralda, a Ilha Little Nightingale, a Ilha de Gonçalo Álvares, a Ilha Bouvet, a Crossets e até mesmo a uma minúscula ilha ao Sul do Cabo da Boa Esperança, mas em todo lugar o Povo do Mar dizia a ele as mesmas coisas. As focas tinham ido para essa ilha há muito tempo, mas os homens as tinham matado. Até mesmo quando ele na-dou milhares de quilômetros para além do Pacífico e chegou a um lugar

O Livro da Selva

chamado de Cabo das Correntes (quando estava voltando da Ilha de Gonçalo Álvares), ele encontrou algumas centenas de focas sarnentas em uma pedra e elas disseram que os homens tinham estado ali também.

Aquilo quase lhe partiu o coração, e ele contornou o Cabo Horn para voltar às suas praias. E no caminho, em direção ao norte, ele se arrastou até uma ilha cheia de árvores verdes, onde encontrou uma foca muito velha que estava morrendo. Kotick pegou peixes para ela e contou-lhe sobre suas angústias.

– Agora – disse Kotick – estou voltando para Novastoshnah, e se eu for levado para o matadouro com os *holluschickie*, não vou me importar.

A velha foca disse:

– Tente mais uma vez. Eu sou o último do Viveiro Perdido de Masafuera, e na época em que os homens nos matavam às centenas de milhares, havia uma história nas praias de que um dia uma foca branca viria do norte e guiaria as focas para um lugar tranquilo. Eu estou velho, e não vou viver para ver esse dia, mas os outros viverão. Tente mais uma vez.

E Kotick enrolou seu bigode (e ele era lindo) e disse:

– Eu sou a única foca branca que nasceu nas praias e sou a única foca, preta ou branca, que pensou em procurar por novas ilhas.

Isso o animou muito, e quando ele voltou para Novastoshnah naquele verão, Matkah, sua mãe, implorou que ele se casasse e começasse uma família, pois ele não era mais um *holluschickie*, mas uma foca já adulta, com uma juba enrolada e branca sobre os seus ombros, tão pesado, grande e feroz quanto seu pai.

– Só mais uma estação – ele disse. – Lembre-se, Mãe, é sempre a sétima onda que vai mais longe na praia.

Curiosamente, havia outra foca que queria casar-se apenas no ano seguinte, e Kotick dançou a Dança do Fogo com ela por toda a praia de Lukannon na noite antes de partir para sua última exploração.

Desta vez foi em direção ao oeste, pois tinha caído na trilha de um cardume de linguado, e ele precisava de pelo menos quarenta e cinco quilos de peixe por dia para se manter em boas condições.

Ele os perseguiu até ficar cansado, e então enrolou-se e foi dormir em um buraco nas ondulações do solo que se formam na Ilha Copper.

Ele conhecia a costa muito bem, e por volta da meia-noite, quando se aconchegou em uma cama feita de algas, disse:

– Hum, as marés estão fortes hoje. – E virando-se embaixo da água abriu os olhos devagar e se espreguiçou. E então saltou como um gato, porque viu algo enorme xeretando a parte mais rasa da água e procurando algo entre as pesadas pontas das algas.

– Pelas grandes ondas do Estreito de Magalhães! – ele disse, por baixo do bigode.

– Quem é esse povo no fundo do mar?

Eles não se pareciam com morsas, leões-marinhos, focas, ursos, baleias, tubarões, peixes, lulas ou vieiras, ou nenhum outro animal que Kotick tivesse visto antes. Eles tinham entre seis e nove metros de comprimento e não tinham nadadeiras traseiras, mas uma cauda em forma de pá que parecia ter sido esculpida em couro molhado. A cabeça deles parecia a coisa mais tosca do mundo, e eles se apoiavam sobre as caudas no fundo do mar quando não estavam pastando, reverenciando solenemente uns aos outros e acenando as nadadeiras dianteiras como homens acenam com seus braços.

– Ram-ram! – pigarreou Kotick. – A pesca está boa, cavalheiros? As criaturas enormes responderam com uma reverência e um aceno das nadadeiras, como o sapo-lacaio.

Quando eles começaram a se alimentar de novo, Kotick notou que os lábios superiores eram divididos em duas partes e que eles podiam se separar uns trinta centímetros e se juntar novamente com um punhado de alga marinha entre o espaço. Eles colocavam tudo na boca e mastigavam moderadamente.

– Que jeito complicado de comer – disse Kotick. Eles reverenciaram novamente e Kotick começou a ficar nervoso.

– Muito bem – ele disse. – Se vocês têm uma articulação a mais na nadadeira dianteira não precisam ficar se exibindo. Eu vejo que vocês reverenciam com elegância, mas eu gostaria de saber o nome de vocês.

Os lábios divididos se separaram novamente e os olhos verdes que pareciam vidros encararam a foca, mas não falaram nada.

– Bem! – disse Kotick. – Vocês são o único povo que eu conheci que são mais feios que o Vitch, e com modos bem piores.

Então ele se lembrou num estalo do que a gaivota havia gritado para ele quando era jovenzinho na ilhota das Morsas, e caiu para trás na água, pois sabia que tinha encontrado os dugongos finalmente. Eles continuaram pastando e mastigando as algas, e Kotick fez perguntas a eles em todas as línguas que aprendera nas viagens, e o Povo do Mar falava tantas línguas quanto os humanos. Mas os dugongos não responderam, porque não sabiam falar. Eles têm seis ossos no pescoço, em vez de sete, e dizem no fundo do mar que isso impede até mesmo que conversem entre si. Mas, como vocês sabem, eles têm uma articulação a mais nas nadadeiras dianteiras e, ao acenar para cima e para baixo, respondem com o que parece ser um código telegráfico malfeito.

À luz do dia, a juba de Kotick estava levantada e seu humor tinha ido para onde os caranguejos mortos vão. E então os dugongos começaram a viajar em direção ao nordeste, parando para realizar de tempos em tempos reuniões absurdas onde ficavam se reverenciando, e Kotick os seguiu, dizendo a si mesmo:

– Um povo que é tão idiota quanto esse já deveria ter sido morto se não tivessem encontrado uma ilha segura.

E o que é bom o suficiente para os dugongos é bom o suficiente para as focas caçadoras. Mesmo assim, queria que se apressassem.

Era um trabalho cansativo para Kotick. O bando nunca nadava mais do que oitenta quilômetros por dia, e parava para comer à noite, ficando perto da costa o tempo todo, enquanto Kotick nadava ao redor, por cima e por baixo deles, mas não conseguia apressá-los. Conforme se aproximavam do Norte, as reuniões de reverência aconteciam com mais frequência, e Kotick quase arrancou o próprio bigode, impaciente, até perceber que eles estavam seguindo uma corrente de água quente, e por isso os respeitou mais.

Uma noite eles afundaram na água brilhante, afundaram como pedras, e pela primeira vez desde que os conhecera, começaram a nadar rapidamente. Kotick os seguiu, e a velocidade o surpreendeu, pois nunca imaginou que os dugongos fossem nadadores ágeis. Eles rumaram para um penhasco na orla, um penhasco que se estendia até as profundezas da água, e mergulharam em um buraco negro que havia na base dele, a mais de trinta e cinco metros de profundidade. Era um mergulho muito longo, e Kotick estava quase sem ar quando saiu do túnel escuro pelo qual eles o haviam guiado.

– Pela minha juba! – ele disse quando voltou à superfície, tossindo e ofegando, no mar aberto no outro lado do túnel. – Foi uma longa viagem, mas valeu a pena.

Os dugongos haviam se separado e estavam navegando preguiçosamente ao longo das beiradas das praias mais bonitas que Kotick já vira. Havia várias pedras lisas e elas se espalhavam por quilômetros, perfeitamente posicionadas para receber ninhos de focas, lugares para se brincar na areia dura e declives que davam para o interior da praia. Havia também ondas para as focas dançarem, grama para se esfregarem e dunas de areia para subir e descer. E o melhor de tudo (Kotick sabia pela sensação da água, que nunca engana uma verdadeira foca) era que nenhum homem pisara ali.

A primeira coisa que ele fez foi garantir que os peixes eram fartos, e então nadou ao longo das praias e contou as agradáveis ilhas de areia baixa meio escondidas em um bonito nevoeiro. Mais ao Norte, na saída para o mar, havia uma fileira de bancos de areia e pedras que sempre deixariam um barco a pelo menos dez quilômetros de distância das praias, e por entre as ilhas e os continentes havia uma faixa de águas profundas que se estendia até os penhascos verticais, e em algum lugar abaixo dos penhascos estava a boca do túnel.

– É igual Novastoshnah, mas dez vezes melhor – disse Kotick. – Os dugongos são mais espertos do que eu imaginei. Os homens não poderiam passar por baixo dos penhascos, mesmo se já vivessem nas ilhas. E os bancos de areia deixariam qualquer navio em pedaços. Se existe lugar no mar que seja seguro, é esse.

Ele começou a pensar na foca que havia deixado para trás, mas ainda que estivesse com pressa de voltar para Novastoshnah, explorou por completo o novo território, assim poderia responder todas as perguntas. Então mergulhou, certificou-se de onde estava a boca do túnel e nadou na direção sul. Ninguém, exceto um dugongo e uma foca, teria sonhado que havia um lugar como esse, e quando Kotick olhou para os penhascos, nem ele mesmo podia acreditar que tinha estado embaixo deles.

A viagem durou seis dias, mesmo nadando muito rápido. E quando ele se arrastou, subindo o cabo do Leão-Marinho, a primeira criatura que encontrou foi a foca que estava lhe esperando, e ela viu em seus olhos que ele havia finalmente encontrado a ilha. Mas os *holluschickie*, o Caçador do Mar, seu pai, e todas as outras focas riram quando contou o que havia descoberto. Uma foca jovem que tinha quase a mesma idade dele disse:

– Isso tudo é muito bom, Kotick, mas você não pode surgir de sabe-se lá onde e nos dar ordens assim. Lembre-se de que estivemos lutando pelos nossos ninhos, e isso é algo que você nunca fez. Você preferiu ficar vagando no mar.

As outras focas riram disso e a jovem foca começou a balançar a cabeça de um lado para o outro. Ele havia acabado de se casar e estava fazendo um rebuliço por causa disso.

– Eu não tenho um ninho pelo qual lutar – disse Kotick. – Eu só quero mostrar a vocês um lugar onde estaremos a salvo. Por que precisamos brigar?

– Ah, se você está amarelando, eu não tenho mais nada a dizer – afirmou a jovem foca com uma risada irônica.

– Se eu ganhar você vem comigo? – perguntou Kotick. E um brilho esverdeado surgiu em seus olhos, porque ele estava muito irritado por ter que brigar.

– Muito bem – concordou a jovem foca sem preocupação. – Se você ganhar, eu vou.

Ele não teve tempo de mudar de ideia, pois Kotick jogou a cabeça para a frente e seus dentes afundaram na gordura do pescoço da foca. E então, ele apoiou-se sobre o quadril e puxou seu inimigo até a praia, balançando-o e acertando-o novamente. Depois gritou para as focas:

– Eu fiz o meu melhor por vocês nessas últimas cinco temporadas. Encontrei uma ilha onde estarão salvos, mas, a menos que a cabeça de vocês seja arrancada do pescoço, não vão acreditar. Vou ensinar-lhes uma lição. Fiquem atentos!

Limmershin me contou que nunca na vida (e Limmershin vê dez mil focas enormes brigando todo ano), nunca na sua breve vida havia visto nada como o ataque de Kotick aos ninhos. Ele se arrastou até a maior foca que pôde encontrar, pegou-a pela garganta enforcando-a e golpeando-a até ela implorar por misericórdia. E então Kotick a jogou para o lado e atacou a próxima foca. Veja bem, Kotick nunca jejuou por quatro meses como as grandes focas faziam todos os anos, e nadar em alto-mar o manteve em perfeita forma. E o melhor de tudo: ele nunca havia lutado antes. Sua juba branca e encaracolada arrepiou-se com a raiva, os olhos flamejavam e seus dentes, enormes como os de um cachorro, brilhavam. Ele estava esplêndido de se olhar.

O velho Caçador do Mar, seu pai, viu-o rasgar e arrastar as velhas focas acinzentadas como se elas fossem linguados, e derrubar os jovens solteiros em todas as direções. O Caçador do Mar deu um rugido e gritou:

– Ele pode ser um tolo, mas é o melhor lutador dessas praias. Não ataque o seu pai, meu filho! Estou com você!

Kotick rugiu em resposta, e o velho Caçador do Mar veio até ele bamboleando, bufando como uma locomotiva, enquanto Matkah e a foca que iria se casar com Kotick se encolheram e admiraram os machos. Foi uma luta deslumbrante, pois os dois lutaram enquanto havia focas que ousassem levantar a cabeça. E quando não havia mais nenhuma, eles desfilaram imponentes para cima e para baixo na praia, lado a lado, berrando.

O Livro da Selva

À noite, enquanto a aurora boreal piscava e brilhava através da neblina, Kotick escalou uma pedra lisa e olhou para baixo, para os ninhos dispersos e as focas machucadas.

– Agora – ele disse –, ensinei a vocês a lição.

– Pela minha juba – disse o velho Caçador do Mar, levantando-se com dificuldade, pois estava muito ferido. – Nem a própria Baleia Assassina poderia tê-los machucado tanto. Filho, estou orgulhoso de você, e digo mais, vou com você até sua ilha, se existe tal lugar.

– Escutem, porcos gordos do mar. Quem vem comigo até o Túnel do Dugongo? Respondam ou lhes darei outra lição – rugiu Kotick.

Houve um murmurinho como a marola de uma onda por toda a praia.

– Nós iremos – disseram milhares de vozes cansadas. – Nós o seguiremos, Kotick, a Foca Branca.

E então Kotick afundou a cabeça por entre os ombros e fechou os olhos orgulhosamente. Ele não era mais uma foca branca, mas vermelha da cauda à cabeça. Contudo, evitou olhar ou tocar em seus ferimentos.

Uma semana depois, ele e seu bando (quase dez mil *holluschickie* e velhas focas) foram em direção ao Norte até o Túnel do Dugongo, com Kotick os liderando, e as focas que ficaram em Novastoshnah os chamaram de idiotas.

Porém, na próxima primavera, quando todas se encontraram nos bancos de pesca do Pacífico, as focas de Kotick contavam tantas histórias das novas praias para além do Túnel do Dugongo que cada vez mais focas deixavam Novastoshnah. É claro que nem todas foram de uma vez, pois as focas não são muito espertas e precisaram de muito tempo para mudar de ideia. Mas, ano após ano, mais focas migravam de Novastoshnah e Lukannon, e de outros ninhos, para as praias calmas e protegidas onde Kotick ficava durante todo o verão, cada vez maior, mais forte e gordo a cada ano, enquanto os *holluschickie* brincam ao seu redor, no mar onde nenhum homem chega.

Lukannon

Há uma grande música de alto-mar que todas as focas de St. Paul cantam quando estão voltando para as praias no verão. É uma espécie de Hino Nacional das focas e é muito triste.

Encontrei meus amigos pela manhã (e nossa, como estou idoso)
Onde as ondas de verão acertam as pedras num ritmo teimoso,
Escutei-os cantar mais alto que o som da arrebentação,
Nas praias de Lukannon, vozes fortes como um trovão.
A canção cantada nas lagoas durante as estações oportunas,
A canção dos esquadrões que se arrastavam pelas dunas,
A canção da dança da meia-noite que fazia o mar se incendiar,
As praias de Lukannon, antes do navio dos pescadores chegar.
Encontrei meus amigos pela manhã (não os verei novamente)
Indo e vindo em bandos que tomam a praia completamente.
E sobre as espumas manchadas, tão longe quanto a voz pode alcançar,
Saudamos com canções aqueles que acabaram de chegar.
As praias de Lukannon, o trigo alto a se destacar,
O líquen e o nevoeiro, o orvalho a tudo vem molhar.
Estão desgastadas as plataformas onde brincamos,
As praias de Lukannon é o lar que nós amamos.

Rudyard Kipling

Encontrei meus amigos pela manhã, um grupo machucado e disperso,
Na água e na terra, os homens nos matam de modo perverso,
Os homens nos levam à Casa de Sal como ovelhas a domesticar,
Ainda cantamos Lukannon, antes do navio dos pescadores chegar.
Fuja gaivota, fuja! Gooverooska, voe para o sul,
Conte a todos sobre nosso infortúnio neste imenso mar azul,
Vazias como os ovos de tubarão que a tempestade traz,
As praias de Lukannon não verão seus filhos nunca mais.

Rikki-tikki-tavi

Pelo buraco que usou de entrada
Olho-Vermelho chamou Pele-Enrugada.
Ouça o que Olho-Vermelho tinha a dizer:
"Nag, venha e dance até morrer".
Cabeça com cabeça, olho no olho
(Mantenha o compasso, Nag.)
Isso só acaba quando alguém estiver morto,
(Não o ultrapasso, Nag.)
Dando um giro tudo rodopiou,
(Corra e se esconda rápido, Nag.)
Rá! A morte encapuzada não te acertou.
(Mas tenha cuidado, Nag!)

Esta é a história da grande guerra que Rikki-tikki-tavi lutou só, nos banheiros do enorme bangalô no acampamento militar de Segowlee. Darzee, o pássaro-alfaiate, o ajudou, e Chuchundra, o rato-almiscarado, que nunca aparece pelo chão, mas sempre se move furtivamente pelas paredes, deu conselhos a ele, mas foi Rikki-tikki quem lutou de verdade. Ele era um mangusto, parecido com um gato por causa do pelo e da cauda, mas com cabeça e hábitos de doninha. Seus olhos e a ponta do seu nariz agitado eram rosa. Ele podia coçar qualquer parte do corpo com a pata que quisesse usar, dianteira ou traseira. Podia afofar a cauda até parecer uma escova, e seu grito de guerra enquanto ele se movia pela grama alta era:

– Rikk-tikk-tikki-tikki-tchk!

Um dia, uma enchente de verão o tirou da toca onde ele vivia com os pais e o carregou, chutando e cacarejando, por uma vala na estrada. Ele encontrou um pequeno tufo de grama flutuando por ali e o agarrou até perder os sentidos. Quando reviveu, estava deitado sob o sol quente no meio da trilha de um jardim muito sujo e um garotinho estava dizendo:

– É um mangusto morto. Vamos fazer um funeral.

– Não – disse sua mãe –, vamos levá-lo e secá-lo. Talvez ele não esteja morto.

Eles o levaram para a casa, e um homem grande o pegou por entre os dedos e disse que ele não estava morto, mas um pouco engasgado. Então o enrolaram em um algodão e o aqueceram perto de uma pequena fogueira. Ele abriu os olhos e espirrou.

– Agora – disse o homem (era um inglês que havia acabado de se mudar para o bangalô) –, não o assustem e veremos o que ele vai fazer.

É a coisa mais difícil do mundo assustar um mangusto, porque ele é coberto de curiosidade do nariz à cauda. O lema de toda família de mangustos é "corra e descubra", e Rikki-tikki era um mangusto de verdade. Ele olhou para o algodão, decidiu que não servia para comer, correu ao redor da mesa, sentou-se e arrumou o pelo, espreguiçou-se e pulou no ombro do garotinho.

– Não se assuste, Teddy – disse o pai. – É o jeito dele de fazer novos amigos.

– Ai! Ele está fazendo cócegas no meu queixo – disse Teddy.

Rikki-tikki olhou entre o colar e o pescoço do garoto, cheirou suas orelhas e desceu até o chão, onde se sentou, coçando o nariz.

– Nossa senhora! – disse a mãe de Teddy – E olhe que é uma criatura selvagem! Acredito que ele está tão mansinho porque fomos gentis com ele.

O Livro da Selva

– Todos os mangustos são assim – disse o marido. – Se Teddy não o puxar pela cauda ou tentar colocá-lo em uma jaula, ele vai entrar e sair da casa o dia todo. Vamos alimentá-lo.

Deram a ele um pequeno pedaço de carne crua. Rikki-tikki gostou muito daquilo e, quando terminou de comer, foi até o alpendre e sentou-se à luz do sol, afofando seu pelo para secá-lo por completo. Com isso, sentiu-se melhor.

– Há mais coisas para se descobrir nesta casa – disse a si mesmo – do que a minha família toda poderia descobrir em uma vida inteira. Devo ficar e explorar tudo.

Ele passou o dia todo vagando pela casa. Quase se afogou nas banheiras, colocou o focinho na tinta que estava sobre uma escrivaninha e o queimou na ponta do charuto do homem grande, depois que subiu em seu colo para descobrir como se escrevia.

À noite, correu para o quarto de Teddy para observar como as lamparinas de querosene eram acesas e, quando Teddy foi para a cama, Rikki-tikki subiu nela também. Mas ele era uma companhia agitada, pois tinha que levantar e verificar cada barulho durante a noite e descobrir o que o causava.

A mãe e o pai de Teddy vieram ver o garotinho uma última vez antes de irem dormir, e Rikki-tikki estava acordado no travesseiro.

– Não gosto disso – disse a mãe. – Ele pode morder o menino.

– Ele não fará nada disso – disse o pai. – Teddy está mais seguro com essa pequena fera do que estaria se tivesse um cão de caça para tomar conta dele. Se uma cobra viesse ao quarto agora...

Mas a mãe de Teddy não queria nem pensar em algo tão horrível quanto isso.

De manhã bem cedo, Rikki-tikki chegou para o café da manhã na varanda sentado sobre os ombros de Teddy, e deram a ele banana e um pouco de ovo cozido. Sentou-se no colo de todos eles, um após o outro, porque todo mangusto bem-criado deseja ser um mangusto doméstico algum dia e ter quartos para correr. A mãe de Rikki-tikki (ela costumava viver na casa do general em Segowlee) havia dito detalhadamente a Rikki o que fazer se desse de cara com homens brancos. E então Rikki-tikki foi para o jardim para ver o que havia para ser visto. Era um jardim enorme, cultivado apenas pela metade com arbustos tão grandes quanto casas de veraneio, de roseiras, limoeiros, laranjeiras, e moitas de bambus e grama alta. Rikki-tikki lambeu os beiços.

– Este lugar é esplêndido para caçar – ele disse, e sua cauda eriçou-se com o pensamento. Ele correu para cima e para baixo no jardim, cheirando aqui e ali até ouvir lamentos vindos de um arbusto de espinhos. Era Darzee, o pássaro-alfaiate, e sua esposa. Eles haviam feito um lindo ninho ao juntar duas folhas enormes e costurar suas bordas com fibras, preenchendo o buraco com algodão e penugem macia. O ninho oscilava para lá e para cá, conforme sentavam na borda e choravam.

– O que aconteceu? – perguntou Rikki-tikki.

– Estamos desolados – respondeu Darzee. – Um dos nossos bebês caiu do ninho ontem e Nag o comeu.

– Hum! – disse Rikki-tikki. – Isso é muito triste, mas sou um estranho aqui. Quem é Nag?

Darzee e a esposa apenas se encolheram no ninho sem responder, porque da grama espessa no pé do arbusto veio um sibilo baixo, um som horrível que fez Rikki-tikki pular dois passos para trás. E então, centímetro por centímetro, surgiu da grama a cabeça e o pescoço em forma de capuz de Nag, a grande naja negra, e ela tinha mais de um metro e meio da língua à cauda.

Quando ela havia levantado um terço do corpo do chão, ficou se equilibrando de um lado para o outro, assim como um tufo de dente-de-leão balança com o vento. Ela olhou para Rikki-tikki com os olhos perversos de serpente que nunca mudam de expressão, independentemente do que esteja pensando.

– Quem é Nag? – perguntou ele. – Eu sou Nag. O grande deus Brahma colocou sua marca em nosso povo quando a primeira naja

O Livro da Selva

abriu seu capuz para proteger Brahma do sol enquanto ele dormia. Olhe e tenha medo!

Ela abriu o capuz mais do que o normal, e Rikki-tikki viu a marca em formato de óculos que parecia um colchete de gancho usado em roupas. Ele teve medo por apenas um segundo, pois é impossível para um mangusto ficar assustado por muito tempo, e ainda que Rikki-tikki nunca tivesse conhecido uma naja viva antes, sua mãe o alimentava com algumas mortas, e ele sabia que o único trabalho de um mangusto adulto era lutar com najas e comê-las. Nag sabia disso também e, no fundo do seu coração frio, estava com medo.

– Bem – disse Rikki-tikki, e sua cauda se eriçou novamente –, com marcas ou sem marcas, você acha que é correto comer passarinhos de um ninho?

Nag estava pensando consigo mesmo e observando o menor dos movimentos na grama atrás de Rikki-tikki. Ele sabia que mangustos no jardim significavam a morte dele e de sua família cedo ou tarde, e por isso queria pegar Rikki-tikki de surpresa. Então abaixou a cabeça um pouco e a virou de lado.

– Vamos conversar – ele disse. – Você come ovos. Por que eu não deveria comer pássaros?

– Atrás de você! Olhe para trás! – gritou Darzee.

Rikki-tikki sabia que não deveria perder tempo olhando. Ele pulou no ar o mais alto que pode e por baixo dele passou zumbindo a cabeça de Nagaina, a esposa maldosa de Nag. Ela havia se arrastado por trás dele enquanto ele estava falando, para tentar matá-lo. Ele ouviu o sibilo selvagem quando ela errou o bote. Rikki caiu sobre suas costas, e se fosse um mangusto mais velho, saberia que aquela era a hora de quebrar sua coluna com uma mordida, mas ele estava com medo do terrível golpe que ela poderia devolver.

Ele mordeu, de fato, mas não mordeu tempo suficiente, e pulou para escapar da cauda que se debatia, deixando Nagaina machucada e furiosa.

RUDYARD KIPLING

– Perverso, Darzee perverso! – disse Nag, atacando, tão alto quanto podia alcançar, o ninho no arbusto de espinhos. Mas Darzee o havia construído fora do alcance das serpentes, e ele apenas balançou para lá e para cá.

Rikki-tikki sentiu seus olhos inflamarem (quando os olhos de um mangusto ficam assim é porque ele está irritado) e apoiou-se sobre sua cauda e suas patas traseiras como um canguru, olhando ao redor e rangendo os dentes com raiva. Mas Nag e Nagaina haviam desaparecido na grama. Quando uma serpente erra o bote, ela nunca diz nada ou dá sinais do que pretende fazer em seguida.

Rikki-tikki não se importou em segui-los, pois não tinha certeza se conseguia dar conta de duas serpentes ao mesmo tempo. Então trotou até o caminho de cascalho perto da casa, e sentou-se para pensar. Era um assunto sério para ele.

Se você ler os livros antigos de história natural, vai descobrir que quando os mangustos lutam com as serpentes e são mordidos, eles correm e comem algumas ervas que os curam. Isso não é verdade. A vitória é apenas uma questão de rapidez do olho e dos pés: a mordida da serpente contra o salto do mangusto, e nenhum olho pode seguir o movimento da cabeça da serpente quando ela ataca, isso torna as coisas muito mais extraordinárias do que qualquer erva mágica.

Rikki-tikki sabia que era uma mangusto jovem, e saber que havia conseguido escapar de um ataque por trás o deixou muito satisfeito. Isso o havia deixado com mais confiança em si mesmo, e quando Teddy veio correndo pelo caminho, Rikki-tikki estava pronto para ganhar uns afagos. Mas quando o menino estava se inclinando, algo mexeu-se um pouco na poeira, e uma voz baixa disse:

– Cuidado. Eu sou a morte!

Era Karait, a pequena cobra marrom que se camufla por escolha na terra empoeirada e tem a mordida tão perigosa quando a da naja. Mas ela é tão pequena que ninguém se lembra dela, e assim ela machuca mais pessoas.

O Livro da Selva

Os olhos de Rikki-tikki ficaram vermelhos de novo, e ele dançou até Karait, fazendo um movimento peculiar que herdara da sua família. O movimento é muito engraçado, mas é uma marcha tão perfeitamente equilibrada que você pode fugir em qualquer direção que quiser, e essa é uma vantagem quando se lida com serpentes.

Rikki-tikki não sabia, mas ele estava fazendo algo muito mais perigoso do que lutar com Nag, porque Karait é pequeno e pode virar-se muito mais rápido. E a menos que ele mordesse a serpente perto da nuca, ela devolveria a mordida em seu olho ou boca. Mas Rikki não sabia. Seus olhos estavam completamente vermelhos, e ele se balançava para a frente e para trás, procurando um lugar para se segurar.

Karait o atacou. Rikki pulou para o lado e tentou correr, mas a pequena cabeça empoeirada e maldosa passou a poucos centímetros do ombro dele e ele teve de pular sobre o corpo da serpente, com os calcanhares quase lhe atingindo a cabeça. Teddy gritou em direção à casa:

– Oh, vejam só! Nosso mangusto está matando uma serpente.

E Rikki-tikki escutou o grito da mãe de Teddy. O pai correu para fora da casa com um galho, mas, na hora que ele chegou, Karait tinha se lançado longe demais, e Rikki-tikki havia pulado sobre as costas da serpente, enfiado sua cabeça por entre as patas da frente, mordido o mais próximo da nuca que conseguia e rolado para o lado.

Aquela mordida paralisou Karait e Rikki-tikki estava prestes a comê-lo pela cauda, como era costume de sua família no jantar, quando se lembrou de que uma refeição completa faz o mangusto ficar lento, e se ele quisesse ter toda a sua força e rapidez, devia se manter magro.

Ele saiu de perto para tomar um banho de poeira embaixo dos arbustos de mamona, enquanto o pai de Teddy acertava o Karait já morto.

– Para que fazer isso? – pensou Rikki-tikki. – Eu já resolvi tudo.

E então a mãe de Teddy o tirou do chão e o abraçou forte, chorando porque ele havia salvado Teddy da morte; o pai de Teddy disse que ele era uma providência divina; e Teddy o olhava com os olhos arregalados. Rikki-tikki estava muito entretido com toda aquela agitação que, obviamente, ele não entendia. Para ele, era como se a mãe de Teddy o parabenizasse por brincar na poeira.

Rikki estava se divertindo muito.

Naquela noite, no jantar, andando para lá e para cá por entre as taças de vinho na mesa, ele poderia ter se empanturrado três vezes com as coisas deliciosas que haviam ali. Mas se lembrou de Nag e Nagaina e, ainda que fosse muito bom ser mimado e ganhar afagos da mãe de Teddy e sentar nos ombros do menino, seus olhos ficavam vermelhos de tempos em tempos e ele soltava seu grito de guerra "Rikk-tikk-tikki-tikki-tchk!".

Teddy o carregou para a cama e insistiu que Rikki-tikki dormisse sobre seu peito.

Rikki-tikki era muito bem-educado para morder ou arranhar, mas assim que Teddy caiu no sono, ele saiu para sua caminhada noturna pela casa. No escuro, deu de cara com Chuchundra, o rato-almiscarado, arrastando-se pela parede.

Chuchundra é uma pequena fera de coração partido. Ele se lamenta e pia a noite toda, tentando se convencer a correr pelo meio do quarto. Mas nunca consegue.

– Não me mate – pediu Chuchundra, quase chorando. – Rikki-tikki, não me mate!

– Você acha que um caçador de serpente mata ratos-almiscarados? – perguntou Rikki-tikki com desdenho.

– Aqueles que matam serpentes acabam mortos por serpentes – disse Chuchundra mais triste do que nunca. – Como vou ter certeza de que Nag não vai me confundir com você em uma dessas noites escuras?

– Não há o menor perigo – disse Rikki-tikki. – Porque Nag está no jardim e eu sei que você não vai para lá.

– Meu primo Chua, o rato, me contou... – começou a contar Chuchundra, e então parou.

– Contou o quê?

– Shh! Nag está em todo lugar, Rikki-tikki. Você devia ter falado com Chua no jardim.

– Não falei, então você deve me contar. Rápido, Chuchundra, ou eu mordo você.

Chuchundra sentou-se e chorou até suas lágrimas rolarem pelos seus bigodes.

– Eu sou um fracote – soluçou. – Nunca tive coragem de correr até o meio da sala. Shh! Eu não posso falar nada. Você está escutando, Rikki-tikki?

Rikki-tikki escutou. A casa estava muito silenciosa, mas ele pensou ter ouvido o arranhar mais sutil do mundo, um barulho tão fraco quanto o caminhar de uma vespa na janela: o barulho seco de uma serpente escalando uma parede de tijolos.

– É Nag ou Nagaina – disse a si mesmo – e está se arrastando pela calha do banheiro. Você está certo, Chuchundra. Eu deveria ter falado com Chua.

Ele correu para o banheiro de Teddy, mas não havia nada lá. E então correu para o banheiro da mãe de Teddy. Na parte de baixo da parede de gesso havia um tijolo empurrado para fora que fazia o papel de ralo para a água do banho, e quando Rikki-tikki entrou pelo canto de alvenaria onde a banheira fica, ele ouviu Nag e Nagaina cochichando juntos lá fora sob a luz do luar.

– Quando a casa estiver vazia – disse Nagaina para o marido – ele terá que ir embora, e o jardim será nosso de novo. Vá em silêncio, e lembre-se de que o homem grande que matou Karait é o primeiro a ser mordido. Depois saia para me contar, e caçaremos Rikki-tikki juntos.

– Mas você tem certeza de que ganharemos algo matando as pessoas? – perguntou Nag.

– Tenho. Quando não tiver mais pessoas no bangalô, teremos um mangusto no jardim?

Contanto que o bangalô fique vazio, seremos rei e rainha do jardim. E lembre-se de que quando nossos ovos que estão na plantação de melão chocarem (o que acontecerá amanhã), nossos filhos precisarão de espaço e silêncio.

RUDYARD KIPLING

– Eu não tinha pensado nisso – disse Nag. – Eu vou, mas não tem necessidade de caçarmos Rikki-tikki depois disso. Matarei o homem e sua esposa, e a criança se eu puder. Sairei de lá em silêncio. E então o bangalô ficará vazio e Rikki-tikki irá embora.

Rikki-tikki fervilhou de raiva e ódio, e então a cabeça de Nag apareceu pelo buraco, e seu corpo gelado de um metro e meio a seguiu.

Mesmo nervoso, Rikki-tikki ficou muito assustado quando viu o tamanho da naja. Nag enrolou-se, ergueu a cabeça e olhou para o banheiro no escuro, e Rikki podia ver seus olhos brilharem.

– Agora, se eu o matar aqui, Nagaina vai saber. E se eu lutar com ele em um espaço aberto, as chances estão a seu favor. O que devo fazer? – perguntou-se Rikki-tikki-tavi.

Nag movimentou-se para lá e para cá, e então Rikki-tikki escutou-o beber água da jarra que era usada para encher a banheira.

– Isso é bom – disse a serpente. – Agora, quando Karait foi morto, o homem tinha um galho. Ainda deve estar com ele, mas quando vier ao banheiro pela manhã, não o trará. Devo esperar até que ele venha. Nagaina, você me ouve? Vou esperar aqui no chão frio até o amanhecer.

Não houve resposta do lado de fora, então Rikki-tikki sabia que Nagaina tinha ido embora. Nag enrolou-se ao redor da base da jarra, e Rikki-tikki ficou parado como uma estátua.

Depois de uma hora ele começou a se mover, músculo por músculo, em direção à jarra. Nag dormia e Rikki-tikki observou suas costas enormes, perguntando-se qual seria o melhor lugar para atacar.

– Se eu não quebrar sua coluna no primeiro pulo – disse Rikki –, ele ainda poderá lutar. E se ele lutar... ah Rikki!

Ele olhou para a pele grossa do pescoço abaixo do capuz, mas aquilo era muito para ele, e uma mordida perto da cauda só deixaria Nag mais selvagem.

– Tem que ser na cabeça – disse por fim –, na parte acima do capuz. E quando eu estiver lá, não poderei soltar.

O Livro da Selva

E então ele pulou. A cabeça estava apoiada um pouco longe da jarra, sob a curva dela. Quando os dentes dele a encontraram, Rikki apoiou as costas no barro vermelho para segurar a cabeça por baixo. Isso deu a ele um segundo de vantagem, e ele aproveitou ao máximo.

E então foi chacoalhado de um lado para o outro como um rato na boca de um cachorro. De um lado para o outro no chão, para cima e para baixo, em todas as direções, mas seus olhos estavam em chamas e ele se segurou enquanto o corpo se debatia no chão. Ele acertou a caneca de latão, a saboneteira e a escova usada no banho e chocou-se com a lateral metálica da banheira.

Enquanto se segurava, fechava cada vez mais as mandíbulas, pois tinha certeza de que apanharia até a morte e, pela honra de sua família, preferia ser encontrado com a mandíbula fechada. Ele estava zonzo, com dor e sentia-se despedaçado quando alguma coisa surgiu como um trovão atrás dele. Um vento quente o acertou, fazendo-o perder os sentidos, e um fogo vermelho chamuscou seu pelo. O homem tinha sido acordado pelo barulho e tinha acertado dois tiros de espingarda atrás do capuz de Nag. Rikki-tikki manteve seus olhos fechados, pois tinha quase certeza de que agora estava morto. A cabeça não se movia e o homem o pegou e disse:

– É o mangusto novamente, Alice. O camaradinha salvou nossas vidas agora.

E então a mãe de Teddy chegou com o rosto pálido e viu o que havia sobrado de Nag. Rikki-tikki se arrastou até o quarto de Teddy e passou o restante da noite se mexendo para descobrir se havia sido partido em quarenta pedaços, como achava.

Quando a manhã chegou, ele estava muito dolorido, mas muito satisfeito com o que havia feito.

– Agora tenho que me resolver com Nagaina, e ela será pior do que cinco Nags. E não há previsão de quando os ovos sobre os quais ela falou vão chocar. Minha nossa! Preciso encontrar Darzee – ele disse.

Sem esperar pelo café da manhã, Rikki-tikki correu pelo arbusto de espinhos onde Darzee estava cantando uma canção de vitória a plenos pulmões.

As notícias da morte de Nag já haviam se espalhado pelo jardim, pois o homem havia jogado o corpo na pilha de lixo.

– Ah, seu monte de penas estúpido! – disse Rikki-tikki irritado. – Isso é hora de cantar?

– Nag está morto, morto, morto! – cantarolou Darzee. – Foi o valente Rikki-tikki que pegou-o pela cabeça e segurou forte. O homem trouxe o galho que faz *bang* e Nag foi partido ao meio. Ele nunca mais comerá meus bebês de novo.

– Isso tudo é verdade. Mas onde será que está Nagaina? – perguntou Rikki-tikki, olhando cuidadosamente ao redor.

– Nagaina foi até a calha do banheiro e chamou por Nag – Darzee continuou – e Nag saiu pendurado na ponta de um galho. O varredor o levantou e o jogou na lixeira. Vamos cantar sobre o grande Rikki-tikki de olhos vermelhos!

E Darzee inflou o peito e cantou.

– Se eu alcançasse seu ninho, jogaria todos seus filhotes para fora – disse Rikki-tikki. – Você não sabe quando fazer a coisa certa no momento certo. Você está protegido no seu ninho aí em cima, mas é guerra aqui em baixo para mim. Pare de cantar por um minuto, Darzee.

– Pelo bem do grande e maravilhoso Rikki-tikki, eu vou parar – disse Darzee. – O que foi, ó matador do terrível Nag?

– Pela terceira vez, onde está Nagaina?

– Está na lixeira perto dos estábulos, chorando por Nag. Grande é Rikki-tikki com seus dentes brancos.

– Esqueça meus dentes brancos. Você sabe onde ela esconde os ovos?

– Na plantação de melão, no final, perto da parede, onde o sol bate quase o dia todo. Ela os escondeu lá semanas atrás.

– E você nunca pensou que valia a pena me contar isso? No final, perto da parede você disse?

O Livro da Selva

– Rikki-tikki, você não vai comer os ovos dela, vai?

– Não exatamente. Darzee, se tem um pingo de senso, você vai voar até os estábulos e fingir que sua asa está quebrada. Depois, vai deixar Nagaina perseguir você até este arbusto. Tenho que ir até a plantação, mas se eu for lá agora ela vai me ver.

Darzee era um animal avoado que nunca podia ter duas ideias ao mesmo tempo na cabeça. E só porque ele sabia que os filhotes de Nagaina nasciam em ovos assim como os seus, ele não pensava em como era justo matá-los. Mas sua esposa era uma ave sensata, e ela sabia que ovos de serpente significam jovens serpentes depois. Então, ela voou do ninho e deixou Darzee mantendo os bebês aquecidos e cantando sua canção sobre a morte de Nag. Em alguns aspectos, Darzee era muito parecido com um homem.

Ela bateu as asas em frente a Nagaina, perto da lixeira, e choramingou:

– Ah, minha asa está quebrada! O menino da casa jogou uma pedra em mim e a quebrou.

Então bateu as asas mais desesperadamente do que nunca. Nagaina levantou a cabeça e sibilou:

– Você avisou Rikki-tikki quando eu pretendia matá-lo. De fato, você escolheu um péssimo lugar para estar machucada. – E ela se moveu na direção da esposa de Darzee, deslizando sobre a poeira.

– O garoto a quebrou com uma pedra – gritou a esposa de Darzee.

– Bem, será um tipo de consolação para você quando estiver morta saber que vou acertar as contas com o garoto. Meu marido está deitado sobre a lixeira esta manhã, mas antes de a noite chegar, o garoto também estará deitado e muito quieto. Do que adianta fugir? Eu vou pegar você com certeza. Tolinha, olhe para mim.

A esposa de Darzee sabia muito bem que quando um pássaro olha nos olhos de uma serpente fica tão assustado que não pode se mexer. A passarinha continuou se debatendo, piando tristemente, sem deixar o chão, e Nagaina acelerou o passo.

Rikki-tikki escutou-as subindo o caminho dos estábulos e correu para o final da plantação perto da parede. Lá, nas folhas quentes sobre os melões, muito bem escondidos, ele encontrou vinte e cinco ovos, um pouco menores que ovos de galinhas, mas com uma membrana esbranquiçada em vez de uma casca.

– Não cheguei tarde demais – ele disse, pois podia ver os filhotinhos enrolados dentro da membrana, e sabia que no minuto em que se chocassem poderiam matar um homem ou um mangusto.

Ele mordeu o topo dos ovos o mais rápido que pôde, garantindo que esmagava as jovens cobras, e se virava para olhar de tempos em tempos, para verificar se não havia se esquecido de nenhum. No fim, havia apenas três ovos e Rikki-tikki começou a rir para si mesmo quando ouviu a esposa de Darzee gritando:

– Rikki-tikki, eu levei Nagaina em direção à casa e ela foi para a varanda e, oh, venha logo, ela quer matar alguém.

Rikki-tikki esmagou dois ovos e, dando uma cambalhota para trás com o terceiro ovo na boca, correu para a varanda tão rápido quanto seus pés permitiram. Teddy e os pais estavam lá para o café da manhã, mas Rikki-tikki viu que eles não estavam comendo nada. Estavam sentados como pedras, os rostos pálidos. Nagaina estava enrolada no tapete ao pé da cadeira de Teddy, a uma distância mínima da perna do menino, e ela estava se balançando para a frente e para trás, cantando uma canção de vitória.

– Filho do homem grande que matou Nag – ela silibou – fique parado. Ainda não estou pronta. Espere um pouco. Fiquem bem parados, vocês três. Se vocês se moverem, eu ataco, e se não se moverem, eu ataco. Ah, pessoas tolas que mataram meu Nag!

Os olhos de Teddy estavam fixos em seu pai, e tudo o que seu pai podia fazer era sussurrar:

– Fique parado, Teddy. Você não deve se mexer. Teddy, fique parado.

Então Rikki-tikki veio até a varanda e disse:

– Vire-se, Nagaina. Vire-se e lute.

O Livro da Selva

– Tudo em seu devido momento – ela disse, sem mover os olhos.
– Eu vou acertar as contas com você depois. Olhe para os seus amigos,
Rikki-tikki. Estão parados e pálidos. Estão com medo. Eles não ousam
se mover, e se você der um passo, eu ataco.

– Vá ver seus ovos – disse Rikki-tikki – na plantação de melão perto
da parede. Vá e olhe, Nagaina!

A grande serpente deu meia-volta e viu o ovo na varanda.

– Ah, me dê ele – disse ela.

Rikki-tikki colocou uma pata de cada lado do ovo, e seus olhos estavam vermelhos.

– Qual é o preço de um ovo de serpente? De uma jovem cobra? De
um jovem rei cobra? Da última, da última cobra da ninhada? As formigas estão comendo todas as outras lá na plantação.

Nagaina virou-se por completo, esquecendo-se de todo o resto pelo
bem daquele único ovo.

Rikki-tikki viu o pai de Teddy estender a mão enorme, pegar Teddy
pelo ombro e arrastá-lo pela pequena mesa com xícaras de chá, a salvo
e fora do alcance de Nagaina.

– Enganei você! Enganei você! Rikk-tck-tck! – riu Rikki-tikki. – O
garoto está a salvo e fui eu... eu, eu que peguei Nag pelo capuz ontem à
noite no banheiro.

E então ele começou a pular para cima e para baixo, todas as quatro
patas juntas, sua cabeça perto do chão.

– Ele me jogou para lá e para cá, mas não conseguiu me soltar. Ele
estava morto antes de o homem grande estourá-lo em dois. EU fiz isso!
Rikki-tikki-tck-tck! Venha, Nagaina. Venha e lute comigo. Você não
será viúva por muito tempo.

Nagaina percebeu que havia perdido a chance de matar Teddy, e o
ovo estava entre as patas de Rikki-tikki.

– Me dê o ovo, Rikki-tikki. Me dê o último dos meus ovos e eu vou
embora e nunca mais volto – ela disse, abaixando o capuz.

RUDYARD KIPLING

– Sim, você vai embora e nunca mais vai voltar. Porque vai para a lixeira junto com o Nag. Lute, viúva! O homem grande foi atrás da arma! Lute!

Rikki-tikki ficou rodeando Nagaina, mas fora do alcance de seu ataque, e seus olhos brilhavam como carvão em brasa. Nagaina se recompôs e voou em direção a ele. Rikki-tikki pulou para cima e para trás. De novo e de novo ela atacou, mas toda vez sua cabeça acertava o tapete da varanda e ela se enrolava novamente como uma mola de relógio. E então Rikki-tikki dançava em círculo para ficar atrás dela e Nagaina girava a cabeça para ficar de frente para ele. O som da sua cauda se mexendo no tapete soava como folhas secas voando com o vento. Ele tinha se esquecido do ovo, que ainda estava na varanda, e Nagaina foi se aproximando cada vez mais, até que por fim, enquanto Rikki-tikki recuperava o fôlego, ela pegou o ovo com a boca, virou-se para os degraus da varanda e voou como uma flecha pelo caminho, com Rikki-tikki atrás dela.

Quando uma cobra corre pela própria vida, ela é rápida como uma chicotada no pescoço de um cavalo. Rikki-tikki sabia que devia pegá-la, ou todos os problemas começariam novamente. Ela foi diretamente para a longa grama perto do arbusto de espinhos e, enquanto corria, Rikki-tikki podia ouvir Darzee ainda cantando sua canção de vitória idiota. Mas a esposa de Darzee era mais esperta. Ela voou do ninho conforme Nagaina se aproximava e abanou as asas sobre a cabeça da serpente. Se Darzee tivesse ajudado, eles poderiam ter feito com que ela se virasse, mas Nagaina apenas abaixou o capuz e seguiu em frente.

Ainda assim, o segundo de atraso fez com que Rikki-tikki a alcançasse e quando ela mergulhava no buraco de rato em que vivia com Nag, os pequenos dentes brancos dele agarraram sua cauda e ele entrou no buraco com ela. Poucos mangustos, por mais inteligentes ou velhos que sejam, têm coragem de seguir uma serpente para dentro de sua toca.

O Livro da Selva

Estava escuro dentro do buraco e Rikki-tikki não sabia quando a toca se alargaria, dando espaço para Nagaina virar-se e atacá-lo. Ele se segurou de maneira selvagem e prendeu os pés no chão para que servissem de freio na descida quente e úmida da terra. E então a grama na boca do buraco parou de se mexer e Darzee disse:

– Está tudo acabado para Rikki-tikki! Devemos cantar uma canção fúnebre para ele. O corajoso Rikki-tikki está morto, porque com certeza Nagaina o matará lá embaixo.

Logo em seguida cantou uma canção triste que ele criou no calor do momento. E quando chegou à parte mais tocante, a grama mexeu-se novamente e Rikki-tikki, coberto de terra, se arrastou para fora do buraco, pata por pata, lambendo os bigodes. Darzee parou a canção com um pequeno grito. Rikki-tikki chacoalhou um pouco a poeira de seu pelo e espirrou.

– Acabou – ele disse. – A viúva nunca mais vai sair.

E as formigas vermelhas que viviam entre as hastes de grama o ouviram e começaram a marchar para dentro da toca, uma após a outra, para ver se o que ele havia falado era verdade.

Rikki-tikki enroscou-se na grama e dormiu onde estava. Dormiu e dormiu, até o final da tarde, pois tivera um dia difícil de trabalho.

– Agora – ele disse quando acordou –, eu vou voltar para a casa. Conte ao barbudo-de-peito-vermelho, Darzee, e ele contará ao jardim todo que Nagaina está morta.

O barbudo-de-peito-vermelho é um pássaro que faz um barulho exatamente como a batida de um pequeno martelo em um pote de cobre. A razão pela qual está sempre fazendo isso é porque ele é o maior fofoqueiro de cada jardim indiano, e conta as novidades para todos aqueles que querem ouvir.

Enquanto Rikki-tikki subia pelo caminho, ouviu as notas de "atenção" parecidas com um sininho de jantar, e as palavras firmes:

– Ding-dong-tock! Nag está morto! Dong! Nagaina está morta! Ding-dong-tock!

Isso fez com que todos os pássaros do jardim cantassem e os sapos coaxassem, pois Nag e Nagaina costumavam comer sapos assim como pássaros.

Quando Rikki chegou à casa, Teddy, sua mãe (ela ainda estava muito pálida, pois tinha desmaiado) e seu pai vieram e quase choraram sobre ele. À noite, ele comeu tudo aquilo que lhe foi dado, até não aguentar mais, e foi para a cama no ombro de Teddy. Era lá que ele estava quando a mãe de Teddy foi ao quarto tarde da noite.

– Ele salvou nossas vidas – ela disse ao marido. – Pense bem, ele salvou todas as nossas vidas.

Rikki-tikki acordou num salto, pois os mangustos têm o sono leve.

– Ah, é você – ele disse. – O que está incomodando você? Todas as serpentes estão mortas. E se não estiverem, eu estou aqui.

Rikki-tikki tinha direito de ter orgulho dele mesmo. Mas não se tornou arrogante, e manteve o jardim como um mangusto deve manter, com dentes, pulos, saltos e mordidas, até nenhuma outra serpente ter a coragem de colocar a cabeça para dentro dos muros.

A canção de Darzee

(Cantada em homenagem a Rikki-tikki-tavi)

Cantor e alfaiate eu sou,
É tudo em dobro o que sei
Orgulho do som que ao céu chegou
Orgulho da casa que costurei
Por cima e por baixo, tecendo minha música,
tecendo a casa que costurei.
Cante aos filhotes outra vez
Oh, Mãe, levante essa cabeça!
O Demônio agora se desfez,
Está morto no jardim, agradeça.
O terror escondido entre as flores, agora jaz
no lixo, não importa o que aconteça.
Quem deu a liberdade a nós?
Diga-me seu nome e qual é seu povo
Rikki, o corajoso, o feroz
Tikki, aquele com olhar de fogo
Rikki-tikki-tikki, com presas de marfim, o caçador com olhar de fogo!
Deixe que os pássaros o agradeçam

Rudyard Kipling

Curvando-se com suas caudas coloridas,
Que os elogios lhe enalteçam,
E que você aceite as palavras proferidas.
Ouçam! Vou cantar a canção de Rikki,
que com olhos de fogo protegeu nossas vidas!

(Aqui Rikki-tikki interrompeu Darzee e o resto da canção se perdeu.)

Toomai dos Elefantes

Vou me lembrar de quem eu era, estou cansado de cordas e correntes,
Vou me lembrar da minha velha força e de todo o meu povo.
Nenhum homem com cana-de-açúcar me deixará com as costas quentes,
Vou voltar para meus amigos, vou voltar para a floresta de novo.
Vou andar até o final do dia e depois até o amanhecer,
O beijo do vento e o carinho da água não são mais proibidos,
As correntes e as estacas não vão mais me prender,
Vou rever meus companheiros e meus amores perdidos.

Kala Nag, que significa serpente negra, havia servido o governo indiano de todas as maneiras que um elefante pode servir, por quarenta e sete anos, e ele tinha 20 anos quando foi capturado. Isso significava que estava com quase 70 anos, uma idade madura para um elefante. Ele se lembra de empurrar, com uma almofada de couro amarrada à sua cabeça, um canhão preso na lama, e isso foi antes da Guerra Afegã, em 1842, quando nem havia atingido sua força máxima. Sua mãe, Radha Pyaru (Radha, a querida), que havia sido capturada na mesma estrada com Kala Nag, disse a ele, antes que suas presas de leite tivessem caído, que elefantes que têm medo sempre acabam machucados.

Kala Nag sabia que esse conselho era bom, pois na primeira vez que viu uma arma atirar ele fugiu, gritando, até um estande com rifles empilhados, e as baionetas o alfinetaram em todos os lugares do corpo. Então, antes de ter 25 anos, deixou de ter medo, e por isso tornou-se o elefante mais amado e mais bem cuidado a serviço do governo da Índia. Ele havia carregado tendas, quase seiscentos quilos de tendas, na marcha até a parte Norte do país. Havia sido içado para um navio na ponta de um guindaste a vapor, cruzando as águas por muitos dias. Também teve que carregar um morteiro nas costas, em um país estranho e rochoso muito longe da Índia.

Havia visto o imperador Teodoro II ser morto em Magdala e, ao voltar para o navio, tinha direito, como disseram os soldados, a uma Medalha de Guerra da Abissínia. Kala vira também seus amigos elefantes morrerem de frio, epilepsia, inanição e insolação em um lugar chamado Ali Masjid[10], dez anos mais tarde. Depois, foi enviado milhares de quilômetros ao sul para carregar e empilhar grandes toras de teca nas madeireiras em Moulmein[11]. Lá ele quase matou um jovem elefante insubordinado que estava evitando fazer sua parte do trabalho.

Depois disso, foi transferido do trabalho de carregador de toras para o de capturar elefantes selvagens entre as colinas Garo, junto com alguns outros elefantes que haviam sido treinados para isso. Os elefantes são rigorosamente protegidos pelo governo indiano. Há um departamento inteiro que não faz nada além de perseguir, capturar, treinar e mandar todos eles para cima e para baixo no país a seu serviço.

Kala Nag tinha pouco mais de três metros de altura, e suas presas tinham sido cortadas na metade, lixadas e cobertas de cobre para evitar que se partissem, mas ele podia fazer mais coisas com esses tocos do que um elefante não treinado podia fazer com presas afiadas.

---

10 Local no Paquistão onde ocorreu a Segunda Guerra Anglo-Afegã, que teve início em 21 de novembro de 1878. (N.T.)

11 Moulmein ou Mawlamyaing, capital do Estado de Mom, em Mianmar, foi o maior centro comercial e porto marítimo durante a época colonial, sendo estrategicamente localizado para o comércio de madeira. (N.T.)

O Livro da Selva

Depois de semanas e semanas conduzindo cautelosamente os elefantes pelas colinas, os quarenta ou cinquenta animais selvagens eram levados até a última paliçada, e o grande portão levadiço, feito de troncos de árvores amarrados, rangia atrás deles. Kala Nag, ao ouvir a palavra de comando, entrava no meio daquele pandemônio barulhento (geralmente à noite, quando a centelha das tochas dificultava a noção de distância), escolhia o maior e mais selvagem macho do bando, o acertava e o empurrava até fazê-lo ficar quieto enquanto os homens nas costas de outros elefantes amarravam os menores.

Não havia nada no jeito de lutar que Kala Nag, o velho e esperto Serpente Negra, não soubesse, pois já havia enfrentado mais de uma vez um tigre ferido. Ele enrolava sua tromba macia para evitar que ela fosse machucada e acertava a fera em pleno ar com um ataque de cabeça que lembrava uma foice e que ele mesmo havia inventado. Depois de tê-la acertado, ajoelhava-se sobre a fera com seus enormes joelhos até a vida esvair-se com um suspiro e um lamento, e sobrar no chão apenas uma coisa fofa e listrada, que Kala Nag puxava pela cauda.

– Sim – disse Grande Toomai, seu condutor, filho do Negro Toomai, que o havia levado para a Abissínia, e neto do Toomai dos Elefantes, que havia presenciado sua captura –, não há nada que o Serpente Negra tema além de mim. Ele viu três gerações da nossa família alimentá-lo e limpá-lo, e ele viverá para ver a quarta.

– Ele também tem medo de mim – disse Pequeno Toomai, no alto dos seus um metro e vinte de altura, com apenas um trapo cobrindo-o.

Ele tinha 10 anos de idade, o filho mais velho do Grande Toomai, e de acordo com a tradição, tomaria o lugar do seu pai no pescoço de Kala Nag quando crescesse e lidaria com o *ankus* pesado de ferro, o aguilhão[12] de elefantes, que já estava um pouco desgastado devido ao uso por seu pai, avô e bisavô.

---

12 Vara com ponta de ferro afiada. (N.T.)

RUDYARD KIPLING

Ele sabia o que estava falando porque tinha nascido sob a sombra de Kala Nag, havia brincado com a ponta da tromba antes de poder andar e tinha ido para a água com ele quando deu os primeiros passos. Kala Nag nunca pensou em desobedecer sua voz estridente que dava ordens e nunca sonhou em matá-lo desde o dia em que Grande Toomai carregou aquele bebezinho marrom sob as presas de Kala Nag e disse-lhe para cumprimentar seu futuro mestre.

– Sim – disse o Pequeno Toomai –, ele tem medo de mim. – E deu longos passos até Kala Nag, chamando-o de velho porco gordo e o fez levantar uma pata e depois a outra.

– Ahá! – disse o Pequeno Toomai. – Você é um elefante grande. – E balançou a cabeça macia, repetindo as palavras de seu pai:

– O governo pode pagar pelos elefantes, mas eles pertencem a nós, cornacas[13]. Quando você for velho, Kala Nag, virá um rico rajá e comprará você do governo e, por causa do seu tamanho e dos seus modos, você não fará nada além de usar brincos de ouro nas orelhas e um *houdah*[14] de ouro sobre as costas. Além disso, usará um tecido vermelho com ouro em ambos os lados e estará à frente nas procissões do rei. Eu sentarei no seu pescoço, ó, Kala Nag, com um *ankus* prateado e homens correrão na nossa frente com bastões dourados gritando: "Abram caminho para o elefante do rei!". Isso será bom, Kala Nag, mas não tão bom quanto essas caçadas na selva.

– Hunf! – disse o Grande Toomai. – Você é só um garoto, e é tão selvagem quanto um filhote de búfalo. Subir e descer por entre essas colinas não é o melhor serviço do governo. Estou ficando velho e não amo elefantes selvagens. Quero elefantes enfileirados, com um estábulo para cada um e grandes troncos para amarrá-los com segurança, e estradas largas para fazerem exercício, em vez desse acampamento itinerante.

---

13 Cornaca é um treinador de elefantes. Começam jovens, geralmente seguindo uma tradição familiar. (N.T.)

14 Palavra de origem árabe usada para designar a carruagem que é colocada sobre as costas de um elefante. (N.T.)

Ah, as barracas de Cawnpore eram boas. Havia uma feira lá perto e o trabalho só durava três horas.

O Pequeno Toomai se lembrava dos elefantes enfileirados em Cawnpore, mas não disse nada. Ele preferia a vida no acampamento e odiava aquelas estradas planas e largas e ter que arrancar plantas para fazer uma reserva de forragem. Também não gostava das longas horas em que não havia nada para fazer, exceto observar Kala Nag inquieto no estábulo.

O que o Pequeno Toomai gostava era de andar por caminhos que só os elefantes conseguiam trilhar. De descer até o vale lá embaixo. De vislumbrar os elefantes selvagens comendo a quilômetros de distância. De assustar os javalis e os pavões sob os pés de Kala Nag. De sentir as chuvas quentes que cegam, quando todas as colinas e os vales se escondem sob a neblina. De observar as manhãs enevoadas quando ninguém sabia onde acampariam naquela noite. Da condução cautelosa e firme dos elefantes selvagens. Da corrida maluca, do arroubo e do rebuliço da última noite, quando os elefantes, empurrados para a paliçada como rochas em um deslizamento, descobriram que não podiam sair e se jogaram contra os troncos, apenas para serem levados de volta sob berros, tochas acesas e balas de festim. Até um garoto podia ser usado ali, e Toomai era tão útil quanto três garotos.

Ele pegava uma tocha e a balançava, gritando com os animais. Mas a diversão começava mesmo quando a condução recomeçava e a *keddah*, ou seja, a paliçada, parecia uma pintura do fim do mundo. Os homens faziam sinais uns para os outros porque não podiam se ouvir. Então Pequeno Toomai escalava até o topo de um dos troncos trêmulos da paliçada, o cabelo marrom desbotado pelo sol solto por cima dos ombros, parecendo um duende à luz das tochas.

E assim que houvesse um momento de calma seria possível ouvir seus gritos estridentes de encorajamento para Kala Nag por cima dos rugidos, dos estrondos, do estalar das cordas e do gemido dos elefantes amarrados.

– *Mael, mael,* Kala Nag! (Anda, anda, Serpente Negra!) *Dant do!* (Mostre a ele as presas!) *Somalo! Somalo!* (Cuidado, cuidado!) *Maro! Mar!* (Acerte-o, acerte-o!). Cuidado com o tronco! Arre! Arre! Ai! Yai! Hya-ah! – ele gritava.

E a grande briga entre Kala Nag e o elefante selvagem oscilaria para todos os lados na *keddah,* e os velhos caçadores de elefantes limpariam o suor dos olhos, encontrando tempo para balançar a cabeça em direção ao Pequeno Toomai, que se contorcia de alegria no topo dos troncos.

Mas ele fazia mais do que isso. Uma noite, desceu do tronco e se esgueirou por entre os elefantes, devolvendo a ponta de uma corda, que havia caído, para um dos condutores que estava tentando prender a perna de um filhote que chutava (os filhotes sempre dão mais trabalho do que os animais adultos). Kala Nag o viu e com a tromba o colocou sobre suas costas ao lado do Grande Toomai, que lhe deu uns tapas e o botou de volta no topo do tronco.

Na manhã seguinte, o pai lhe deu uma bronca dizendo:

– Um acampamento de tijolos e carregar pequenas tendas não são o suficiente para você? Por isso precisa ir caçar um elefante sozinho, seu pequeno inútil? Agora aqueles caçadores idiotas, cujo pagamento é menor que o meu, falarão com Petersen Sahib sobre isso. – O Pequeno Toomai estava assustado.

Ele não conhecia muitos homens brancos, mas Petersen Sahib era o homem branco mais poderoso do mundo para ele. Ele era o chefe de todas as operações da *keddah,* o homem que caçava todos os elefantes para o governo indiano, e que sabia mais sobre elefantes do que qualquer outro homem.

– O que… o que vai acontecer? – perguntou Pequeno Toomai.

– Acontecer? O pior que pode acontecer. Petersen Sahib é um louco. Ou por que outro motivo ele caçaria esses demônios selvagens? Ele pode até exigir que você se torne um caçador de elefantes, que durma em qualquer lugar nessas selvas cheias de doenças e, por fim, que seja pisoteado até a morte na paliçada. Tomara que essa loucura acabe bem.

O Livro da Selva

Na semana que vem, a caçada termina, e nós das planícies seremos mandados de volta. E então andaremos em estradas macias e esqueceremos tudo sobre essas caçadas. Mas filho, estou bravo que você se meteu nos assuntos que pertencem a essas pessoas sujas da selva, os assameses[15]. Kala Nag só obedecerá a mim, então devo ir com ele até a *keddah*, mas ele é apenas um elefante de briga e não pode amarrar os outros animais. Então fico sentando em paz, como convém a um *mahout*, que não é um mero caçador, um *mahout*, eu digo, um homem que recebe uma pensão quando para de trabalhar. É o destino da família de Toomai dos Elefantes ser pisoteada na sujeira de uma *keddah*? Malvado! Terrível! Filho inútil! Vá dar banho em Kala Nag e limpe suas orelhas, e veja se não há espinhos em suas patas. Ou então Petersen Sahib com certeza fará você se tornar um caçador, alguém que segue as pegadas dos elefantes, um urso da selva. Bah! Que vergonha! Vá!

Pequeno Toomai foi embora sem dizer uma palavra, mas se queixou a Kala Nag enquanto examinava seus pés.

– Não importa – disse o Pequeno Toomai, levantando a ponta da orelha enorme de Kala Nag. – Eles disseram meu nome para Petersen Sahib, e talvez... talvez... talvez... quem sabe? Ei! Era enorme esse espinho que eu tirei!

Os dias que se seguiram foram gastos para juntar os elefantes, fazer os recém-capturados andarem para cima e para baixo entre alguns já domados, para evitar que eles dessem muito trabalho na marcha em direção às planícies, e fazer a contagem de cobertas, cordas e outras coisas que estavam gastas ou tinham se perdido na floresta.

Petersen Sahib chegou montado em sua elefanta esperta Pudmini. Ele estivera pagando os acampamentos por entre as colinas, pois a temporada estava chegando ao fim, e havia um funcionário nativo sentado a uma mesa sob uma árvore para pagar aos condutores os seus salários. Conforme cada homem recebia o pagamento, voltava para seu elefante e se juntava à fila que estava pronta para começar a marchar.

---

15 Estado da Índia, localizado no Leste do país. (N.T.)

Os caçadores, os rastreadores, os que amarravam os animais e outros homens regulares da *keddah,* que ficavam na selva ano após ano, sentavam-se sobre as costas dos elefantes que pertenciam à força permanente de Petersen Sahib, ou encostavam-se nas árvores com suas armas nos braços, e tiravam sarro dos condutores que estavam indo embora, e riram quando os elefantes recém-capturados furaram a fila e fugiram.

Grande Toomai foi até o funcionário com Pequeno Toomai atrás de si, e Machua Appa, o chefe dos rastreadores, disse em voz baixa para um colega:

– Lá se vai um que podia dar um bom caçador. É uma pena mandar esse jovenzinho de volta às planícies para cuidar de plantações.

Petersen Sahib tinha ouvidos por todo o corpo, como um homem deve ter para poder ouvir a criatura mais silenciosa do mundo, o elefante selvagem. Ele se virou de onde estava deitado nas costas de Pudmini e perguntou:

– Quem é esse? Eu não soube de nenhum homem entre os condutores que seja esperto o suficiente para amarrar até mesmo um elefante morto.

– Não é um homem, é um garoto. Ele entrou na paliçada da última vez e jogou a corda para Barmao, quando estávamos tentando tirar aquele filhote, que tem uma mancha no ombro, de sua mãe.

Machua Appa apontou para o Pequeno Toomai, e Petersen Sahib o olhou enquanto Pequeno Toomai abaixava a cabeça.

– Ele jogou uma corda? Ele é menor que um pino de estaca. Pequenino, qual é seu nome? – perguntou Petersen Sahib.

Pequeno Toomai estava muito apavorado para responder, mas Kala Nag estava atrás dele e Toomai fez um sinal com sua mão, fazendo o elefante pegá-lo com a tromba e levantá-lo até a altura da cabeça de Pudmini, em frente ao grande Petersen Sahib. E então Pequeno Toomai cobriu o rosto com as mãos, pois era apenas uma criança e, exceto no que diz respeito aos elefantes, era tímido como uma criança costuma ser.

O Livro da Selva

– Uau – disse Petersen Sahib, sorrindo por trás do bigode –, e por que você ensinou esse truque ao elefante? Foi para ajudá-lo a roubar milho verde dos telhados das casas quando as espigas são colocadas para secar?

– Milho verde não, Protetor dos Pobres. Melões – disse o Pequeno Toomai, e todos os homens sentados ao redor deles caíram na risada.

A maioria deles havia ensinado esse truque aos elefantes quando eram pequenos. Pequeno Toomai balançava a mais de dois metros de altura do chão, e o que queria mesmo era estar dois metros abaixo do solo.

– Ele é Toomai, meu filho, Sahib – disse Grande Toomai, franzindo o rosto. – Ele é um menino muito ruim e vai acabar na cadeia, Sahib.

– Quanto a isso, tenho minhas dúvidas – disse Petersen Sahib. – Um garoto que pode enfrentar uma *keddah* lotada não acaba na cadeia. Veja, pequenino, aqui tem quatros *annas* para gastar com guloseimas, porque você tem uma cabeça boa embaixo desse tanto de cabelo. Com o tempo você se tornará um caçador também.

Grande Toomai franziu ainda mais o rosto.

– Mas lembre-se, *keddahs* não são lugares para uma criança brincar – continuou Petersen Sahib.

– Eu não posso entrar lá nunca, Sahib? – perguntou Pequeno Toomai, dando um grande suspiro.

– Pode – respondeu Petersen Sahib, sorrindo de novo. – Quando você tiver visto a dança dos elefantes. Aí sim será a hora. Venha até mim quando tiver visto a dança dos elefantes e aí eu deixarei você entrar em todos os *keddahs*.

Houve outra risada coletiva, pois essa era uma piada entre os caçadores de elefantes. Depois da dança dos elefantes significava nunca. Há grandes lugares abertos e planos escondidos na floresta que são chamados de salões de bailes dos elefantes, mas esses só são encontrados ao acaso e nenhum homem jamais viu um elefante dançar. Quando um condutor se gaba de suas habilidades e de sua coragem, os outros perguntam: "E quando você viu a dança dos elefantes?".

Kala Nag colocou Pequeno Toomai no chão. O garoto olhou para baixo novamente e foi embora com seu pai. Deu as quatro moedas de prata à sua mãe, que estava cuidando de seu irmãozinho, e todos subiram nas costas de Kala Nag. A fileira de elefantes que grunhiam e guinchavam iniciou a descida pelos caminhos da colina até as planícies. Foi uma marcha muito animada por causa dos elefantes novos, que davam trabalho cada vez que se deparavam com um riacho e que precisavam ser convencidos ou apanhavam vez ou outra.

Grande Toomai espetava Kala Nag maldosamente, pois estava muito bravo, mas Pequeno Toomai estava muito contente de poder falar. Petersen Sahib tinha notado ele, e havia lhe dado dinheiro. Toomai sentiu-se como um soldado que havia sido tirado das fileiras e elogiado pelo comandante-chefe.

– O que Petersen Sahib quis dizer com a dança dos elefantes? – perguntou, finalmente, para sua mãe.

Grande Toomai o ouviu e resmungou.

– Que você nunca deve ser um desses búfalos de montanha que servem para rastrear. É isso o que ele quis dizer. Ei, você na frente, o que está bloqueando o caminho?

Um condutor assamês, que estava dois ou três elefantes à frente, virou-se com raiva e disse:

– Traga Kala Nag e faça-o ensinar um pouco de bom comportamento para este meu elefante. Por que Petersen Sahib me escolheu para ir com vocês, idiotas, até os campos de arroz? Coloque seu animal aqui do lado, Toomai, e deixe-o usar suas presas. Pelo amor dos deuses das colinas, esses novos elefantes estão possuídos, ou então estão sentindo o cheiro dos seus companheiros na selva.

Kala Nag acertou o novo elefante nas costelas, fazendo-o perder o ar, enquanto Grande Toomai dizia:

– Nós tiramos todos os elefantes selvagens da colina na última caçada. Isso é apenas descuido seu ao conduzir. Devo manter a ordem da fileira toda?

O Livro da Selva

– Ouçam! – disse o outro condutor. – Nós tiramos todos os elefantes! Rá, rá! Vocês são muito espertos, povo das planícies. Qualquer um, exceto um cabeça-de-bagre que nunca viu a selva, entende que os elefantes sabem que as caçadas terminaram nesta temporada. Por isso todos os elefantes selvagens vão esta noite... mas por que eu deveria gastar minha sabedoria com um cágado?

– O que eles vão fazer? – perguntou Pequeno Toomai.

– Ora, pequenino. Você está aí? Bom, vou lhe contar, porque você tem a cabeça fresca ainda. Eles vão dançar, e convém ao seu pai, que tirou todos os elefantes das colinas, amarrar duas vezes suas estacas esta noite.

– Que conversa é essa? – perguntou Grande Toomai. – Por quarenta anos, pai e filho, nós cuidamos de elefantes e nunca ouvimos uma bobagem dessas sobre danças.

– Sim, mas alguém das planícies que vive em uma cabana só conhece as quatro paredes da cabana. Bom, deixe os elefantes soltos esta noite e veja o que acontece. Sobre a dança, eu vi o lugar onde... Minha nossa! Quantas curvas tem o Rio Dihang? Aqui tem outro riacho e devemos passar os filhotes. Pare, você aí atrás.

E assim, falando, brigando e respingando água dos rios, concluíram a primeira marcha até uma espécie de acampamento para receber novos elefantes. Mas tinham perdido a paciência muito antes de chegar lá.

E então os elefantes foram acorrentados pelas pernas traseiras a tocos de madeira que serviam de estaca. Cordas extras foram ajustadas aos novos elefantes e a forragem foi empilhada diante deles. Os condutores das colinas voltaram para Petersen Sahib na luz da tarde dizendo aos condutores das planícies para ter mais cuidado naquela noite, rindo quando estes perguntavam o porquê.

Pequeno Toomai arrumou o jantar de Kala Nag e, conforme a noite caía, vagou pelo acampamento, indescritivelmente feliz, procurando por um tom-tom. Quando o coração de uma criança indiana está cheio, ela não corre por aí fazendo barulho por nada. Ela se senta e brinca sozinha. E Petersen Sahib tinha falado com Pequeno Toomai! Se ele não tivesse encontrado o que queria, acredito que teria ficado doente. Mas o vendedor de guloseimas do acampamento havia lhe emprestado um tom-tom, um tambor no qual se bate com as mãos, e ele sentou-se com as pernas cruzadas na frente de Kala Nag enquanto as estrelas começavam a surgir. Com o tom-tom no colo, ele começou a bater e bater e bater, e quanto mais pensava na grande honra que tinha recebido, mais ele batia sozinho entre as forragens dos elefantes. Não havia um ritmo nem palavras, só a batida já o deixava feliz.

Os novos elefantes forçavam suas cordas, gritando, guinchando e fazendo barulho de tempos em tempos. O garoto podia ouvir sua mãe na cabana do acampamento colocando seu irmão para dormir com uma velha canção sobre o grande Deus Shiva, que uma vez disse a todos os animais o que eles deveriam comer.

É uma canção de ninar que acalma muito, e o primeiro verso diz:

> *Shiva, que nos deu a colheita e fez soprar o vento,*
> *Há muito tempo, sentou-se nos portões e, atento,*
> *Deu a cada um comida, trabalho, destino e proteção,*
> *Do Rei sentado no trono ao pedinte no portão.*
> *Todas as coisas ele fez, Shiva, o Preservador.*
> *Mahadeo! Mahadeo! (Outro nome pelo qual*
> *Shiva é conhecido) Ele fez tudo!*
> *Espinhos para os camelos, forragem para gado,*
> *E um coração de mãe para descansar, ó filho tão amado.*

Pequeno Toomai batia em ritmo feliz no final de cada verso, até que ficou com sono e se esticou na forragem ao lado de Kala Nag. Finalmente os elefantes começaram a se deitar um após o outro, como de costume, até que só Kala Nag, à direita da fileira, estava em pé. Ele se balançava de um lado para o outro, com as orelhas para a frente para escutar o vento enquanto ele soprava lentamente pelas colinas. O ar estava cheio dos sons da noite que, juntos, criam um grande silêncio: o estalar de

O LIVRO DA SELVA

um bambu contra o outro, o rastejar de algo vivo na vegetação rasteira, o coçar e guinchar de um pássaro meio acordado (os pássaros ficam acordados durante a noite muito mais do que imaginamos), e a queda da água mesmo tão distante.

Pequeno Toomai dormiu por algum tempo, e quando acordou a lua já brilhava e Kala Nag ainda estava de pé, com as orelhas inclinadas. O menino se virou, fazendo barulho na forragem, e observou a curva de suas costas grandes contrastando com metade das estrelas no céu. Enquanto observava, ele também escutou o chamado de um elefante selvagem, tão longe que parecia um alfinete furando o silêncio. Todos os elefantes nas fileiras levantaram-se como se tivessem levado tiros e seu grunhido acordou os *mahouts*. Eles vieram e bateram com suas grandes marretas os ganchos das estacas, amarrando mais as cordas e dando nós até que tudo ficou em silêncio.

Um elefante novo havia quase arrancado sua estaca, por isso Grande Toomai tirou a corrente da perna de Kala Nag e acorrentou as quatro patas do outro elefante. Amarrou uma corda de fibra de coco trançada ao redor da perna de Kala Nag e lhe disse para se lembrar de que estava muito bem amarrado. Grande Toomai sabia que ele, seu pai e seu avô haviam feito a mesma coisa centenas de vezes antes. Kala Nag não respondeu a ordem murmurando como sempre fazia.

Ele permaneceu parado, olhando sob a luz da lua, com a cabeça um pouco levantada e as orelhas abertas como um leque, para a grande imensidão das colinas Garo.

– Cuide dele se ele ficar inquieto durante a noite – disse Grande Toomai ao Pequeno Toomai. Depois entrou na cabana e dormiu.

Pequeno Toomai estava prestes a dormir também quando escutou a corda de fibra de coco estalar e Kala Nag soltar-se das estacas tão devagar e silenciosamente quanto as nuvens que passam por cima de um vale. Pequeno Toomai correu atrás dele descalço, pela estrada à luz do luar, chamando baixinho:

– Kala Nag! Kala Nag! Me leve com você, Kala Nag!

Rudyard Kipling

O elefante se virou sem fazer barulho, deu três passos em direção ao garoto, abaixou sua tromba, colocou-o no pescoço e antes que Pequeno Toomai tivesse arrumado os joelhos, entrou na floresta. Houve uma explosão de barridos furiosos vindo das fileiras, e então o silêncio caiu sobre tudo, e Kala Nag começou a se mover.

Às vezes, um tufo de grama alta batia nos lados do elefante como uma onda bate nos lados de um navio, e outras vezes um punhado de videiras de pimenta-selvagem arranhava suas costas, ou um bambu rangia onde seu ombro o havia tocado. Mas entre esses momentos, o elefante caminhava sem nenhum barulho, perambulando pela densa floresta de Garo como se fosse fumaça.

Ele estava subindo a colina, e ainda que Pequeno Toomai observasse as estrelas por entre brechas das árvores, ele não podia dizer em que direção iam. E então Kala Nag chegou ao topo da subida e parou por um minuto. O menino podia ver os topos das árvores todos salpicados e cheios sob a luz do luar por quilômetros e quilômetros, e a névoa azulada sobre o rio na planície. Toomai inclinou-se e observou. Podia sentir que a floresta estava acordada embaixo dele, acordada, viva e cheia.

Um morcego marrom que come frutas passou raspando perto da sua orelha. Um porco-espinho fez barulho na moita. E, na escuridão entre o tronco das árvores, ele ouviu um urso farejando e cavando a terra úmida e quente. Então os galhos começaram a se fechar sobre sua cabeça de novo e Kala Nag começou a descer em direção ao vale. Dessa vez não descia em silêncio, parecia um desmoronamento com pedras, tamanho o barulho. Suas patas enormes se moviam em um ritmo constante como pistões, cobrindo mais de dois metros a cada passada, e a pele enrugada dos cotovelos fazia barulho.

A vegetação rasteira de ambos os lados fazia um barulho de lona se rasgando, e as mudas que ele empurrava para a direita e para a esquerda voltavam e o acertavam nos flancos. E grandes trilhas de trepadeiras, todas emaranhadas, penduravam-se nas suas presas conforme ele jogava a cabeça de um lado para o outro para abrir caminho.

144

O LIVRO DA SELVA

Então, Pequeno Toomai abaixou-se e agarrou o pescoço enorme para evitar que um galho o levasse ao chão. Desejou estar de volta ao acampamento. A grama começou a ficar mole e as patas de Kala Nag afundavam e se prendiam quando ele pisava, e a névoa noturna no fundo do vale arrepiou Pequeno Toomai. Houve um espirro de água e algo sendo esmagado, além do barulho de água correndo, enquanto Kala Nag avançava pelo rio, tomando cuidado a cada passo.

Por cima do barulho da água, que passava pelas patas do elefante, Pequeno Toomai podia ouvir mais mergulhos na água e barridos acima e abaixo do rio. Grunhidos e bufadas irritadas, e toda a névoa sobre ele parecia estar cheia de sombras que ondulavam.

– Ai! – ele disse em voz alta, batendo os dentes. – O Povo Elefante se reuniu hoje. É a dança, então!

Kala Nag chacoalhou a água, limpou sua tromba e começou outra subida. Mas dessa vez ele não estava sozinho e não precisava abrir caminho. O caminho já estava trilhado, com mais de um metro e meio de largura, à sua frente, onde a grama curvada da floresta tentava se recuperar e ficar de pé. Muitos elefantes deviam ter passado por aquele caminho alguns minutos antes.

Pequeno Toomai olhou para trás e viu um enorme elefante selvagem com olhinhos de porco que brilhavam como carvão em brasa saindo do rio enevoado. E então as árvores se fecharam novamente e eles continuaram subindo, com barridos e barulhos, e o som de galhos se quebrando dos dois lados.

Por fim, Kala Nag parou entre dois troncos de árvores no topo da colina. Eles faziam parte de um círculo de árvores que cresceu ao redor de um espaço irregular de três ou quatro acres. Em todo aquele espaço, como Pequeno Toomai podia ver, o chão tinha sido tão pisoteado que parecia ser feito de tijolos.

Algumas árvores tinham crescido no centro da clareira, mas a casca tinha sido arrancada e a madeira branca por baixo dela parecia brilhante e polida nos pedaços iluminados pela lua. Havia trepadeiras penduradas nos galhos mais altos e a redoma das flores dessas trepadeiras,

145

RUDYARD KIPLING

brancas e enceradas como convólvulos, pendiam sonolentas. Mas dentro dos limites da clareira não havia uma folha verde sequer, não havia nada além da terra batida. A luz da lua dava um tom acinzentado de metal a tudo, exceto por alguns elefantes que estavam parados ali, cujas sombras pareciam nanquim.

Pequeno Toomai observou, prendendo a respiração, com os olhos quase saltando para fora e, conforme olhava, mais e mais elefantes surgiam no espaço aberto por entre os troncos das árvores. O garoto só sabia contar até dez, e contou de novo e de novo nos dedos até perder a conta de cada grupo de dez, e sua cabeça começar a falhar. Fora da clareira ele podia ouvir o barulho na grama rasteira enquanto eles lutavam para subir a colina, mas assim que estavam dentro do círculo das árvores, começavam a se mover como fantasmas.

Havia elefantes machos de presas brancas com folhas caídas, castanhas e galhos presos nas dobras do pescoço e nas orelhas. Havia elefantas gordas que andavam devagar, e filhotes rosados com menos de um metro de altura, que corriam inquietos debaixo delas. Elefantes jovens com presas que começavam a aparecer, e estavam orgulhosos delas. Elefantas solteironas, magras e esquálidas, com seus rostos ansiosos e trombas feito cascas ásperas. Velhos elefantes, com cicatrizes do pescoço aos flancos, resultado de lutas antigas, e pedaços de terra dos banhos de lama solitários caindo dos ombros. E havia um com a presa quebrada e marcas de um golpe quase fatal, o desenho do ataque feito pelas garras de um tigre.

Eles estavam parados, cabeça com cabeça, ou andando em casais para lá e para cá no chão batido, ou se balançando sozinhos, muitos e muitos elefantes. Toomai sabia que enquanto permanecesse no pescoço de Kala Nag nada lhe aconteceria, porque mesmo na confusão e correria durante a condução para a paliçada, um elefante selvagem nunca usa sua tromba para puxar um homem do pescoço de um elefante domado. E esses elefantes não estavam pensando nos homens esta noite. Eles já tinham começado e levantado as orelhas quando escutaram o tinir de

O Livro da Selva

uma corrente de ferro na floresta. Era Pudmini, a elefanta de Petersen Sahib. Sua corrente estava quebrada e ela grunhia e bufava enquanto subia a colina.

Ela devia ter arrancado as estacas vindo diretamente do acampamento de Petersen Sahib. O Pequeno Toomai viu ainda outro elefante, um que ele não conhecia, com marcas profundas de cordas nas costas e no peito. Ele também devia ter fugido de algum acampamento nas colinas ao redor.

Quando não havia mais nenhum som de elefantes se movendo pela floresta, Kala Nag saiu de onde estava entre as árvores e foi direto para o centro da multidão, murmurando. Em seguida todos os elefantes começaram a falar em sua própria língua e a se mover pelo espaço.

Ainda abaixado, Pequeno Toomai olhou para a confusão de inúmeras costas largas, orelhas abanando, trombas agitadas e olhinhos que reviravam. Ele ouviu o som de presas se chocando quando cruzavam com outras presas por acidente e o som seco de presas que se enroscavam. Ouviu o roçar de flancos e ombros na multidão e o incessante agitar das grandes caudas. E então uma nuvem cobriu a lua e ele se sentou na escuridão. Mas o movimento constante de empurrar e roçar continuou. Toomai sabia que havia muitos elefantes ao redor de Kala Nag e que não havia como tirá-lo dali, por isso cerrou os dentes e tremeu.

Na *keddah* pelo menos havia a luz das tochas e gritaria, mas ali ele estava sozinho no escuro e, em certo momento, uma tromba o tocou no joelho. E então um elefante barriu, e todos os outros fizeram o mesmo por cinco ou dez terríveis minutos. O orvalho das árvores acima respingou como chuva nas costas amontoadas. Um abafado retumbar começou, não muito alto de início, e Pequeno Toomai não sabia dizer o que era. Mas foi aumentando e aumentando, e Kala Nag levantou uma pata e depois a outra, trazendo-as ao chão em seguida: um-dois, um-dois, constante como martelo-hidráulico.

Os elefantes estavam marchando todos juntos agora e soavam como um tambor de guerra sendo tocado na boca de uma caverna. O orvalho das árvores caiu até não ter mais água para cair. O retumbar continuou e o chão balançava e tremia. Pequeno Toomai colocou as mãos sobre as orelhas para abafar o som. Mas era como se um choque passasse por todo o seu corpo, esse retumbar de centenas de pés pesados na terra crua.

Vez ou outra pôde sentir Kala Nag e todos os outros avançarem alguns passos para a frente, fazendo as batidas mudarem para o som de coisas verdes sendo esmagadas, mas em um ou dois minutos o retumbar das patas na terra começava de novo. Uma árvore estava rangendo e resmungando em algum lugar perto dele. Ele esticou o braço e sentiu a casca, mas Kala Nag se moveu para a frente, ainda batendo as patas, e ele não podia dizer em que lugar da clareira estava. Os elefantes não faziam som algum, exceto uma vez, quando dois ou três filhotes guincharam juntos. Depois ouviu uma batida e um arrastar de patas, e o retumbar continuou. A dança deve ter durado duas horas, e Pequeno Toomai estava todo dolorido, mas ele sabia pelo cheiro no ar da noite que o amanhecer estava chegando.

A manhã chegou em uma faixa de amarelo pálido por trás das colinas verdes. O retumbar parou com o primeiro raio, como se a luz tivesse dado uma ordem.

Antes que Pequeno Toomai pudesse tirar o zumbido da cabeça, antes mesmo que ele pudesse mudar de posição, todos os elefantes sumiram de vista, exceto Kala Nag, Pudmini e o elefante com as marcas de corda. Não havia nem mesmo sinal, barulho ou sussurro nas encostas indicando para onde os outros haviam ido.

Pequeno Toomai olhou ao redor de novo e de novo. A clareira, como ele se lembrava, havia aumentado durante a noite. Havia mais árvores no meio dela, mas a vegetação rasteira e a grama ao redor tinham sido pisoteadas. Pequeno Toomai olhou mais uma vez. Agora ele entendia o que tinha sido o retumbar. Os elefantes haviam aberto mais espaços.

O Livro da Selva

Tinham pisoteado a grama densa e a cana-de-açúcar até virarem apenas lascas, e as lascas foram pisoteadas virando pequenas fibras que depois tornaram-se terra dura.

– Uau! – disse Pequeno Toomai. Suas pálpebras estavam pesadas.

– Kala Nag, meu senhor, vamos acompanhar Pudmini e ir até o acampamento de Petersen Sahib, ou eu vou cair do seu pescoço.

O terceiro elefante observou enquanto eles iam embora, bufou e virou-se, tomando o próprio rumo. Ele devia pertencer a um estabelecimento de algum reizinho nativo, a mais de noventa ou cem quilômetros dali.

Duas horas depois, enquanto Petersen Sahib estava tomando o café da manhã, seus elefantes, que haviam sido duplamente acorrentados naquela noite, começaram a barrir e Pudmini, com lama até os ombros, e Kala Nag, com pés doloridos, entraram no acampamento.

O rosto do Pequeno Toomai estava cinza e cansado, o cabelo cheio de folhas e ensopado de orvalho, mas ele tentou saudar Petersen Sahib e disse enfraquecido:

– A dança... a dança dos elefantes. Eu a vi... e morri!

Quando Kala Nag se sentou, o garoto escorregou do seu pescoço, desmaiado. Mas como as crianças nativas não se abatem tão facilmente, em duas horas ele já estava deitado alegremente em uma rede com o casaco de caça de Petersen Sahib embaixo da cabeça e um copo de leite quente, com um pouco de conhaque e uma pitada de quinina, ao lado. Enquanto os velhos caçadores cheios de cicatrizes das selvas sentavam-se em fileiras à sua frente, olhando para ele como se fosse um fantasma, ele contava sua história com palavras curtas, como uma criança contaria, e a finalizou assim:

– Agora, se eu menti sobre qualquer coisa, mande os homens irem lá ver, e eles verão que os elefantes abriram mais espaço no seu salão de dança. E eles verão dez e dez, e muitas vezes dez rastros que levam até lá. Eles abriram mais espaço com seus pés. Eu vi. Kala Nag me levou e eu vi. Kala Nag está com as pernas cansadas.

RUDYARD KIPLING

Pequeno Toomai deitou-se e dormiu a tarde toda até o crepúsculo. Enquanto ele dormia, Petersen Sahib e Machua Appa seguiram os rastros dos dois elefantes por mais de vinte quilômetros colina adentro. Petersen Sahib caçava elefantes havia dezoito anos e tinha encontrado um lugar de dança como aquele uma vez na vida. Machua Appa não precisou olhar duas vezes para a clareira ou passar o pé na terra batida para entender o que havia acontecido ali.

– A criança fala a verdade – ele disse. – Tudo isso aconteceu ontem à noite, e eu contei setenta rastros cruzando o rio. Veja, Sahib, onde a corrente de ferro de Pudmini cortou a casca daquela árvore. Sim, ela esteve aqui também.

Os dois olharam um para o outro, depois para o local ao redor e ficaram espantados, pois os costumes dos elefantes estão além da compreensão dos homens, brancos ou negros.

– Por quarenta e cinco anos – disse Machua Appa – eu segui o meu senhor, o elefante, mas nunca ouvi que uma criança tenha visto o que essa criança viu. Pelos deuses da colina, isso é... o que podemos dizer? – E balançou a cabeça.

Quando voltaram ao acampamento já era hora do jantar. Petersen Sahib comeu sozinho em sua tenda, mas deu ordens para que o resto do acampamento tivesse dois carneiros e algumas galinhas, assim como o dobro das porções de farinha, arroz e sal, pois ele sabia que haveria um banquete.

Grande Toomai veio correndo das planícies até o acampamento procurando pelo filho e pelo elefante, mas agora que os havia encontrado, olhava para eles com medo. Houve um banquete perto das fogueiras que ardiam em frente às fileiras de elefantes acorrentados. Pequeno Toomai estava sendo tratado como herói.

Os grandes caçadores, rastreadores, condutores, os que amarravam os animais e os homens que sabiam todos os segredos de domar até os elefantes mais selvagens passavam o garoto de mão em mão. Marcaram sua testa com o sangue de um galo recém-abatido para mostrar que ele era um homem da floresta, iniciado e livre em todas as selvas. Por fim, as chamas se apagaram e a luz vermelha das brasas fez com que os elefantes parecessem ter sido mergulhados em sangue também. Machua Appa, o chefe de todos os condutores de todas as *keddahs*, Machua Appa, o outro eu de Petersen Sahib, que nunca tinha visto uma estrada construída em quarenta anos; Machua Appa, que era tão incrível que não podia ter outro nome além de Machua Appa, levantou-se com um salto e ergueu Pequeno Toomai acima da cabeça, gritando:

– Ouçam meus irmãos. Ouçam vocês também, meus senhores enfileirados, pois eu, Machua Appa, estou falando! Este pequenino não será mais chamado de Pequeno Toomai, mas de Toomai dos Elefantes, assim como o seu bisavô era chamado antes dele. O que homem nenhum viu, ele viu durante a longa noite, e a benção do Povo Elefante e dos deuses das selvas está com ele. Toomai dos Elefantes se tornará um grande rastreador. Será melhor que eu, Machua Appa! Ele seguirá novas trilhas, velhas trilhas e trilhas mistas com os olhos abertos. Ele não será ferido dentro da *keddah* quando correr por baixo das barrigas para amarrar os animais. E se ele escorregar diante dos pés de um elefante chefe, o elefante saberá quem ele é e não o esmagará. Aihai! Meus senhores acorrentados – disse, virando-se para as fileiras de estacas – aqui está o pequenino que viu as suas danças em seus lugares escondidos. Aquilo que nenhum homem jamais viu! Honrem-no, meus senhores! *Salaam Karo*, minhas crianças. Façam suas saudações para Toomai dos Elefantes. *Gunga Pershad, ahaa! Hira Guj, Birchi Guj, Kuttar Guj, ahaa!* Pudmini, você o viu na dança, e você também, Kala Nag, minha pérola entre os elefantes! Ahaa! Juntos! Para Toomai dos Elefantes. *Barrao!*

E com aquele último grito, a fileira toda levantou as trombas até que elas tocassem suas testas, e fizeram a saudação completa: o barrido estrondoso que só o vice-rei da Índia ouvia. O *Salaamut* das *keddahs*. Mas era em homenagem ao Pequeno Toomai, que havia visto o que nenhum homem viu, a dança dos elefantes à noite e sozinho no coração das colinas Garo.

Shiva e o gafanhoto

(A canção que a mãe de Toomai cantou para o bebê)

Shiva, que nos deu a colheita e fez soprar o vento,
Há muito tempo, sentou-se nos portões e, atento,
Deu a cada um comida, trabalho, destino e proteção
Do rei sentado no trono ao pedinte no portão
Todas as coisas ele fez, Shiva, o Preservador.
Mahadeo! Mahadeo! Ele fez tudo!
Espinhos para os camelos, forragem para gado,
E um coração de mãe para descansar, ó filho tão amado!
Trigo para o rico e milho para o pobre que tudo suporta,
Migalhas para os homens santos que batem de porta em porta.
Presa para o tigre, carniça para o milhafre que arrasta a asa,
E ossos para os lobos perversos que caçam à noite fora de casa.
Nada é tão esplêndido, ninguém tão irrelevante,
Parbati ao seu lado vê todos irem adiante.
Quis enganar seu marido, e acabou dando um jeito,
Roubou o pequeno gafanhoto e o escondeu em seu peito.
Ela enganou Shiva, o Preservador.
Mahadeo! Mahadeo! Vire-se e veja.

Rudyard Kipling

Alto é o camelo, pesado é o gado,
Mas esse é o Menor de Todos os seres, ó filho tão amado!
Quando a doação acabou, ela disse entre risadas:
Mestre, milhões de bocas e todas estão alimentadas?
Sorrindo, Shiva respondeu: Todos tiveram sua parte,
Até mesmo o pequenino, com quem você o peito reparte.
Parbati tirou do peito, o gafanhoto que carregava,
E viu o Menor de Todos, que uma folha nova mastigava.
Temeu e ficou admirada, depois rezou para Shiva,
Que deu de comer a toda criatura viva.
Todas as coisas ele fez, Shiva, o Preservador.
Mahadeo! Mahadeo! Ele fez tudo!
Espinhos para os camelos, forragem para gado,
E um coração de mãe para descansar, ó filho tão amado!

Os servos de Sua Majestade

Você pode usar frações ou regra de três,
Mas Tweedle-dum não faz o mesmo que Tweedle-dee.
Você pode trançar, torcer e até virar outra vez,
Mas Winkie Pop não faz o mesmo que Pilly Winky.

Estava chovendo forte fazia um mês. Chovendo sobre um acampamento de trinta mil homens e milhares de camelos, elefantes, cavalos, bois e mulas, todos reunidos no lugar chamado Rawal Pindi para serem avaliados pelo vice-rei da Índia. Ele estava recebendo a visita do emir do Afeganistão, um rei selvagem de um país selvagem.

O emir havia trazido com ele como proteção um exército de oitocentos homens e cavalos que nunca haviam visto um acampamento ou uma locomotiva antes. Homens selvagens e cavalos selvagens de algum lugar no fim da Ásia Central. Toda noite um bando desses cavalos se soltava das cordas que os amarravam e debandavam para cima e para baixo no acampamento, andando sobre a lama no escuro, ou os camelos se soltavam e, correndo, tropeçavam e caíam sobre as cordas das tendas. Você pode imaginar quão agradável era para os homens que tentavam dormir.

A minha tenda ficava bem longe dos camelos e eu pensei que estava seguro. Mas uma noite um homem colocou a cabeça para dentro e gritou:

– Saia, rápido! Eles estão vindo! Minha tenda se foi!

Eu sabia quem eram "eles", então calcei minhas botas e vesti meu casaco impermeável e corri para fora, no meio da lama. Raposinha, minha fox terrier, saiu pelo outro lado. E então ouvi bramidos e grunhidos e vi a tenda ceder, conforme o mastro quebrava e começava a dançar feito um fantasma louco. Um camelo havia entrado ali sem querer, e por mais molhado e irritado que eu estivesse, não pude deixar de rir. Comecei a correr de novo, pois não sabia quantos camelos tinham se soltado, e logo eu estava longe do acampamento, me arrastando na lama. Por fim, tropecei na ponta de um canhão e com isso eu soube que estava em algum lugar perto das linhas de artilharia, onde o armamento é mantido durante a noite.

Como eu não queria mais me arrastar na chuva e no escuro, coloquei meu casaco sobre a boca de um canhão e fiz uma espécie de tenda com duas ou três varetas que encontrei, deitando-me perto da base. Eu me perguntava onde Raposinha havia ido e onde eu estaria.

Quando eu estava quase dormindo, ouvi o tinir de um arreio e um grunhido. Uma mula passou por mim chacoalhando as orelhas molhadas. Ela pertencia à bateria de montar canhões, pois pude ouvir barulho das correias, argolas, correntes e outras coisas em sua sela. Os canhões de montar eram pequenos canhões divididos em duas peças que eram parafusadas quando fosse necessário usá-los. Eles eram levados montanha acima por qualquer caminho que pudesse ser trilhado por uma mula, e eram muito úteis durante uma guerra em terrenos rochosos.

Atrás da mula havia um camelo, com seus pés enormes e macios chapinhando e escorregando na lama. Seu pescoço balançava para a frente e para trás como o de uma galinha perdida. Por sorte, eu tinha aprendido a linguagem dos animais com os nativos (não a linguagem de animais selvagens, mas de animais de acampamento, claro), e sabia o que o camelo dizia.

Ele devia ser aquele que destruiu a minha tenda, porque estava perguntando à mula:

– O que eu faço? Para onde devo ir? Eu lutei com uma coisa branca que balançava, e ela bateu com uma vara no meu pescoço.

Era o mastro quebrado da minha tenda e fiquei muito feliz em saber isso.

– Devemos continuar correndo?

– Ah, foi você – disse a mula –, foram você e seus amigos que perturbaram o acampamento? Muito bem. Vocês serão punidos por isso de manhã. Mas eu posso lhe dar uma amostra agora.

Ouvi o arreio tilintar quando a mula deu alguns passos para trás e acertou o camelo com dois coices na costela que soaram como um tambor.

– Da próxima vez – ela disse – você não vai sair correndo por entre a bateria de mulas à noite gritando "Ladrões e fogo"! Sente-se e pare de mexer o pescoço.

O camelo curvou-se como os camelos fazem e sentou-se choramingando. Havia uma batida regular de cascos de cavalos na escuridão, e um enorme cavalo de tropa galopou como se estivesse em um desfile, saltando sobre a base do canhão e aterrissando perto da mula.

– É uma vergonha – ele disse, bufando. – Esses camelos fizeram uma algazarra de novo, é a terceira vez esta semana. Como um cavalo pode se manter em forma se não consegue dormir? Quem está aqui?

– Sou a mula que carrega a parte traseira do canhão número dois da Primeira Bateria de Montagem – disse a mula – e o outro é um dos seus amigos. Ele também me acordou. Quem é você?

– Número Quinze, Tropa E, Nono Regimento dos Lanceiros, Cavalo de Dick Cunliffe. Fique ali do lado por um momento.

– Ah, me perdoe – disse a mula. – Está muito escuro para ver alguma coisa. Esses camelos não são enjoados demais para fazer qualquer coisa? Eu vim para cá para ter um pouco de paz e silêncio.

– Meus senhores – disse o camelo humildemente –, tivemos pesadelos à noite e ficamos com muito medo. Eu sou apenas um camelo bagageiro da Trigésima Nona Infantaria Nativa e não sou tão corajoso quanto vocês, meus senhores.

– Então por que você não ficou e carregou as bagagens para a Trigésima Nona Infantaria Nativa, em vez de correr pelo acampamento? – perguntou a mula.

– Os pesadelos foram muito ruins – respondeu o camelo. – Sinto muito. Ouçam! O que foi isso? Devemos correr novamente?

– Sente-se – ordenou a mula – ou vai quebrar essas pernas finas entre os canhões.

Ela levantou uma orelha e escutou.

– Bois – disse. – Bois do exército. Pelo visto você e seus amigos acordaram mesmo o acampamento todo. É preciso muito esforço para fazer um boi de artilharia levantar.

Escutei uma corrente sendo arrastada no chão. E logo surgiu um jugo de enormes bois brancos e rabugentos que carregam canhões de cerco quando os elefantes não chegam nem perto dos disparos. E quase pisando na corrente havia outra mula, que gritava:

– Billy.

– Esse é um dos nossos recrutas – disse a velha mula ao cavalo da tropa. – Ele está me chamando. Aqui, jovem, pare de gritar. O escuro nunca machucou ninguém.

Os bois se deitaram e começaram a ruminar, enquanto a mula mais jovem se aproximava de Billy.

– Coisas – ele disse – medonhas e terríveis, Billy! Eles vieram até nós quando estávamos dormindo. Você acha que eles nos matarão?

– Você está merecendo um belo de um coice – disse Billy. – A ideia de uma mula do seu tamanho e com o seu treinamento envergonhando a bateria na frente desse cavalheiro.

– Calma, calma – disse o cavalo da tropa. – Lembre-se de que eles são sempre assim no começo. A primeira vez que eu vi um homem foi na Austrália, quando eu tinha 3 anos. Corri durante a metade de um dia. Se eu tivesse visto um camelo, estaria correndo até hoje.

Quase todos os cavalos da cavalaria inglesa são trazidos da Austrália para a Índia e são domados pelos próprios cavaleiros.

– Verdade – disse Billy.

– Pare de tremer, meu jovem. A primeira vez que me colocaram o arreio completo com todas as correntes nas minhas costas eu fiquei sobre as minhas patas dianteiras e dei coices até tirar tudo de mim. Eu não tinha aprendido a verdadeira técnica dos coices ainda, mas a bateria disse que nunca havia visto nada igual.

– Mas não foi o arreio ou algo do tipo que tilintou – disse a jovem mula. – Você sabe que eu não ligo mais para isso, Billy. Eram coisas parecidas com árvores. Elas caíram em cima das fileiras e borbulharam. A corda que amarrava meu pescoço se partiu e eu não achei o meu condutor nem você, então saí correndo com esses cavalheiros.

– Hum – disse Billy. – Assim que ouvi que os camelos se soltaram eu vim para cá por minha própria vontade. Quando uma bateria, uma mula de montar canhão chama os bois de cavalheiros, é porque ela está realmente abalada. Quem são vocês companheiros deitados aí no chão?

Os bois de artilharia ruminaram mais e responderam juntos:

– O sétimo jugo do Primeiro Canhão da Bateria dos Grandes Canhões. Estávamos dormindo quando os camelos vieram, mas quando começamos a ser pisoteados, levantamos e fomos embora. É melhor ficar quieto na lama do que ser perturbado em uma boa forragem. Falamos ao seu amigo aqui que não havia o que temer, mas ele sabia tanto sobre tudo que não acreditou. Aha!

Voltaram a ruminar.

– É isso o que acontece quando se é medroso – disse Billy. – Os bois riem de você. Espero que você tenha gostado disso, meu jovem.

Os dentes da jovem mula bateram, e eu ouvi ele dizer algo sobre não ter medo de nenhum boi velho e musculoso no mundo. Mas os bois apenas tocaram o chifre um no outro e continuaram a ruminar.

– Agora não fique nervoso depois de ter ficado com medo. Essa é a pior forma de covardia – disse o cavalo da tropa. – Qualquer um pode ser perdoado por ter medo durante a noite, eu acredito, se viu coisas que não entende. Todos nós arrancamos nossas estacas mais de uma vez, quatrocentos e cinquenta de nós, só porque um recruta novo ficou contando histórias sobre serpentes lá em casa na Austrália, até que ficamos apavorados com a ponta solta das nossas cordas.

– Está tudo bem se isso acontecer em um acampamento – disse Billy. – Eu também não deixo de sair em disparada, só por diversão, quando não saio por um dia ou dois. Mas o que você faz quando está em serviço?

– Ah, isso já é outro assunto – disse o cavalo da tropa. – Dick Cunliffe fica nas minhas costas, com os joelhos colados no meu corpo, e tudo o que eu tenho que fazer é prestar atenção onde coloco minhas patas, manter minhas pernas de trás firmes e seguir as rédeas.

– O que é seguir as rédeas? – perguntou a jovem mula.

– Pelos eucaliptos que crescem no interior! – exclamou o cavalo da tropa. – Quer dizer que vocês não aprendem a seguir as rédeas no seu trabalho? Como você pode fazer qualquer coisa, a menos que consiga virar de uma vez quando as rédeas pressionam o seu pescoço? É uma questão de vida ou morte para o seu condutor, jovenzinho, e claro que é vida e morte para você também. Dê a volta sobre as patas traseiras no instante em que você sente as rédeas no pescoço. Se não tem espaço para se virar, empine-se um pouco e vire-se sobre as patas traseiras. Isso é seguir as rédeas.

– Não é assim que somos ensinados – disse Billy, duramente. – Somos ensinados a obedecer ao homem a nossa frente: sair do caminho quando ele ordena e voltar quando ele diz.

Acredito que seja a mesma coisa. Agora, além desse trabalho todo e dessa coisa de empinar, que deve ser muito ruim para os seus tornozelos, o que você faz?

– Depende – respondeu o cavalo da tropa. – Normalmente eu ando por entre um monte de gritos e homens cabeludos com facas, longas facas que são piores que as facas dos ferreiros. E eu tenho que ter certeza de que a bota do Dick está apenas tocando a bota do homem ao seu lado, sem esmagá-la. Posso ver a lança do Dick com meu olho direito, e sei que estou seguro. Eu não gostaria de ser o homem ou o cavalo que nos confronta quando estamos com pressa.

– As facas não machucam? – perguntou a jovem mula.

– Bom, uma vez fui cortado no peito, mas isso não foi culpa do Dick...

– Eu me importaria muito com quem foi o culpado, se me machucassem – disse a jovem mula.

– E deveria mesmo – disse o cavalo da tropa. – Se você não confia em seu cavaleiro, deveria fugir logo de uma vez. É o que alguns de nossos cavalos fazem, e eu não os culpo. Mas como eu estava dizendo, não foi culpa do Dick. O homem estava deitado no chão, eu me estiquei para não pisar nele e ele me cortou. Da próxima vez que eu tiver que passar por cima de um homem deitado, vou pisar com força nele.

– Hum – disse Billy. – Isso tudo é bobagem. Facas são coisas sujas sempre. A coisa certa a se fazer é escalar uma montanha com uma sela bem presa, equilibrar-se nas quatro patas, manter as orelhas alertas, rastejar, engatinhar e ziguezaguear pelo caminho, até chegar a centenas de metros de altura em uma borda onde só haja espaço para os seus cascos. Então você fica ali parado em silêncio. Nunca peça para um homem segurar sua cabeça, meu jovem. Fique em silêncio enquanto os canhões são montados e depois observe as pequenas balas caírem sobre as copas das árvores lá embaixo.

– Você nunca tropeça? – perguntou o cavalo da tropa.

– Eles dizem que quando uma mula tropeça, é possível encontrar uma orelha em uma galinha – disse Billy. – De vez em quando talvez, uma sela mal afivelada pode derrubar uma mula, mas isso é muito raro. Queria poder mostrar a você o que fazemos. É muito bonito. Ora, levei três anos para aprender o que os homens queriam. O segredo da coisa é nunca aparecer na linha do horizonte, porque se você o fizer, pode tomar um tiro. Lembre-se disso, jovenzinho. Sempre se esconda o máximo que puder, mesmo se tiver que sair do seu caminho. Eu lidero a bateria quando se trata desse tipo de escalada.

– Levar um tiro sem poder correr na direção de quem está atirando – disse o cavalo da tropa, pensando muito. – Eu não suportaria isso. Eu iria querer avançar com Dick.

– Ah não, você não iria querer. Você sabe que quando os canhões estão em posição são eles que comandam tudo. Isso é científico e organizado. Mas facas? Bah!

O camelo bagageiro estava balançado a cabeça para a frente e para trás por algum tempo, ansioso demais para dizer alguma coisa. Mas então o ouvi falar, depois de limpar a garganta, nervosamente:

– Eu lutei por um tempo, mas não desse jeito, com escaladas ou em disparada.

– Agora que você mencionou isso – disse Billy –, você não parece feito para escaladas ou corridas mesmo. Bom, como foi, velho Fardo de Feno?

– Do jeito certo – disse o camelo –, nós todos nos sentamos…

– Pela minha sela e minha armadura – disse o cavalo da tropa baixinho. – Sentaram!

– Nos sentamos, centenas de nós – o camelo continuou –, formando um grande quadrado, e os homens empilharam nossas cargas e nossas selas ao nosso redor e atiraram por cima das nossas costas, por todos os lados.

– Que tipo de homens? Qualquer homem que apareceu? – perguntou o cavalo da tropa.

– Eles nos ensinam na escola de equitação a ficar deitados e deixar nossos mestres atirarem por cima das nossas costas, mas Dick Cunliffe é o único homem em quem eu confio. Sinto cócegas e, além disso, não posso ver nada com a cabeça no chão.

– O que importa quem está atirando por cima de você? – perguntou o camelo. – Há vários homens e vários outros camelos próximos, e muitas nuvens de fumaça. Eu não fico assustado. Eu sento quieto e espero.

– E ainda assim – disse Billy – você tem pesadelos e acorda o acampamento à noite. Muito bem! Antes que eu me deitasse, ou me sentasse,

O Livro da Selva

e deixasse um homem se esconder atrás de mim, meu casco e a cabeça dele teriam algo para dizer um ao outro. Você já ouviu algo tão absurdo quanto isso?

Houve um longo silêncio e então um dos bois levantou a cabeça e disse:

– Isso é uma bobagem, de fato. Só há um jeito de lutar.

– Ah, continue – disse Billy –, não se importe comigo. Eu imagino que vocês, camaradas, lutam se apoiando na cauda?

– Apenas um jeito – disseram os bois ao mesmo tempo. (Deviam ser gêmeos.) Este é o jeito. Colocar os vinte jugos de nós puxando o enorme canhão assim que o Duas Caudas dá um barrido. ("Duas Caudas" é a gíria do acampamento para o elefante.)

– Por que o Duas Caudas barre? – perguntou a jovem mula.

– Para dizer que ele não chegará nem perto da fumaça do outro lado. Duas Caudas é um grande covarde. Então nós puxamos o canhão todos juntos. Eia! Ula! Eeeeia! Uuuula! Não escalamos como gatos nem corremos como bezerros. Nós atravessamos a planície, vinte jugos de nós, até não estarmos mais atados. E pastamos enquanto os canhões conversam através da planície com alguma cidade com muros de barro, e pedaços do muro caem fazendo levantar a poeira, como se várias manadas estivessem voltando para casa.

– Ah! E vocês decidem pastar nesta hora? – perguntou a jovem mula.

– Nesta ou em qualquer outra hora. Comer é sempre bom. Nós comemos até sermos atados de novo e puxamos o canhão de volta até onde Duas Caudas está esperando. Às vezes há canhões na cidade que respondem, e alguns de nós morrem, deixando assim mais grama para aqueles que sobram. Isso é o Destino. Ainda assim, Duas Caudas é um grande covarde. E esse é o jeito certo de lutar. Somos irmãos de Hapur. Nosso pai era um touro sagrado de Shiva. E assim dissemos.

– Bom, eu certamente aprendi algo esta noite – disse o cavalo da tropa. – Vocês, cavalheiros da bateria, se sentem inclinados a comer quando atiram em vocês com canhões e Duas Caudas está na retaguarda?

RUDYARD KIPLING

– A mesma vontade que sentimos de nos sentar e deixar que os homens atirem por cima de novo ou de correr em direção às pessoas com facas. Nunca escutei algo do tipo. Uma beirada de montanha, uma carga equilibrada, um condutor que deixe você seguir seu próprio caminho e eu serei sua mula sem problemas. Mas outras coisas? Não! – disse Billy, batendo a pata.

– Claro – disse o cavalo –, ninguém é feito da mesma maneira. E eu posso bem ver que sua família, por parte de pai, não entenderia muitas coisas.

– Não fale sobre a minha família por parte de pai – disse Billy irritado, pois toda mula odeia ser lembrada de que o pai é um jumento. – Meu pai era um cavalheiro do sul, e ele podia derrubar, morder e chutar qualquer cavalo que cruzasse o seu caminho. Lembre-se disso, seu grande *Brumby*!

Brumby significava cavalo selvagem sem criação ou linhagem. Imagine os sentimentos de um cavalo ao ser chamado de pangaré por uma mula. Foi assim que o cavalo australiano se sentiu. Eu vi o branco dos seus olhos brilhar no escuro.

– Escute aqui, seu filho de um asno importado de Málaga – ele disse entre dentes –, eu sei que você sabe que eu sou descendente por parte de mãe de Carbine, vencedor da Copa Melbourne, e de onde eu venho não estamos acostumados a escutar besteiras de mulas com cabeça de bagre e boca de papagaio que fazem parte de uma bateria que atira ervilhas. Você está pronto?

– Fique sobre as patas de trás! – guinchou Billy.

Os dois se empinaram encarando-se, e eu estava esperando uma briga violenta, quando uma voz gorgolejou, vindo da escuridão, à direita:

– Crianças, por que vocês estão brigando? Fiquem quietos.

Ambos os animais se abaixaram bufando de desgosto, pois nem uma mula nem um cavalo suportam a voz de um elefante.

– É o Duas Caudas – disse o cavalo da tropa. – Não o suporto. Uma cauda na frente e outra atrás não é justo.

– Me sinto do mesmo jeito – disse Billy, juntando-se ao cavalo. – Somos bem parecidos em algumas coisas.

– Acho que herdamos isso das nossas mães – disse o cavalo. – Não vale a pena bater boca por isso. Olá! Duas Caudas, você está amarrado?

– Sim – respondeu Duas Caudas, com uma risada vinda da tromba. – Estou amarrado pela noite. Eu ouvi o que vocês estavam dizendo. Mas não tenham medo. Não vou até aí.

Os bois e o camelo disseram, à meia-voz:

– Medo do Duas Caudas? Que absurdo!

E os bois continuaram:

– Sentimos muito que você ouviu, mas é verdade. Duas Caudas, por que você tem medo dos canhões quando eles disparam?

– Bem – disse Duas Caudas, roçando uma perna na outra, exatamente como um garoto faz quando declama um poema. – Eu não sei se vocês entenderiam.

– Não vamos, mas nós puxamos os canhões – disseram os bois.

– Eu sei disso e sei que vocês são mais corajosos do que pensam que são. Mas é diferente comigo. Meu chefe da bateria me chamou de Anacronismo Paquidérmico outro dia.

– Esse é outro jeito de lutar, eu imagino? – disse Billy, que estava recuperando o astral.

– Você não sabe o que isso significa, claro, mas eu sei. Significa estar entre uma coisa e outra, e é onde eu estou. Consigo ver dentro da minha cabeça o que vai acontecer quando uma bomba explode, e vocês, bois, não conseguem.

– Eu consigo – disse o cavalo. – Pelo menos um pouco. Tento não pensar sobre isso.

– Eu posso ver mais do que vocês, e penso sobre isso. Eu sei que por ser muito grande dou trabalho. E sei que ninguém sabe cuidar de mim quando estou doente. Tudo o que podem fazer é parar de pagar meu condutor até que eu melhore e eu não posso confiar no meu condutor.

– Ah! – disse o cavalo da tropa. – Isso explica tudo. Eu confio no Dick.

– Você pode colocar um regimento inteiro de Dicks nas minhas costas que eu não me sentiria melhor. Sei o suficiente para ficar desconfortável, mas não o suficiente para seguir em frente, apesar disso.

– Não entendemos – disseram os bois.

– Eu sei que não. Não estou falando com vocês. Vocês não sabem o que é sangue.

– Sabemos – disseram os bois. – É aquilo vermelho que encharca o chão e cheira mal.

O cavalo da tropa deu um coice, um salto e bufou.

– Não falem sobre isso – ele pediu. – Posso sentir o cheiro só de pensar nele. Isso faz com que eu queira correr, mesmo sem ter o Dick nas minhas costas.

– Mas não tem sangue aqui – disseram o camelo e os bois. – Por que você é tão tolo?

– É uma coisa repugnante – disse Billy. – Eu não quero correr, mas não quero falar sobre isso.

– Aí está! – disse Duas Caudas, abanando o rabo para explicar.

– Claro, estamos aqui a noite toda – disseram os bois.

Duas Caudas bateu a pata até a corrente de metal presa nela tilintar.

– Ah, não estou falando com vocês. Vocês não podem ver dentro das suas cabeças.

– Não, nós vemos fora dela com quatro olhos – os bois responderam. – Vemos o que está à nossa frente.

– Se eu pudesse fazer isso e nada mais, não precisariam de vocês para puxar os canhões. Se eu fosse como o meu capitão, ele pode ver as coisas dentro da cabeça dele antes de os tiros começarem e se treme todo, mas ele é muito inteligente para fugir. Se eu fosse como ele, poderia puxar os canhões, mas se eu fosse assim tão inteligente, eu jamais teria vindo para cá. Eu seria um rei na floresta, como costumava ser, dormindo metade do dia e tomando banho quando eu quisesse. Eu não tomo um banho decente há quase um mês.

– Isso tudo é muito bom – disse Billy. – Mas dar um nome longo a uma coisa não faz ela ser melhor.

– Shh! – disse o cavalo da tropa. – Acho que entendo o que Duas Caudas quer dizer.

– Vocês vão entender melhor em um minuto – afirmou Duas Caudas, irritado.

– Agora vocês vão me explicar por que não gostam disso! – ele começou a barrir furiosamente com toda força que ele tinha na tromba.

– Pare com isso – disseram juntos Billy e o cavalo, e eu podia ouvi-los batendo as patas e tremendo.

O barrido de um elefante é sempre desagradável, especialmente em uma noite muito escura.

– Não vou parar – disse Duas Caudas. – Vocês não vão me explicar? Por favor? *Hhrrmph! Rrrt! Rrrmph! Rrrhha!*

E então ele parou de repente e ouvi um choramingar no escuro. Eu sabia que Raposinha havia me encontrado finalmente. Ela sabia tão bem quanto eu que se existe uma coisa que bota medo em um elefante mais do que qualquer outra é um pequeno cachorro latindo. Ela parou para assustar Duas Caudas perto das estacas e ficou latindo perto das suas patas. Duas Caudas se remexeu e guinchou.

– Vá embora, cachorrinha! – ele disse.

– Não cheire minhas patas ou vou chutar você. Cachorra boazinha… Cachorrinha boazinha, então! Vá para casa, seu animalzinho barulhento! Por que ninguém a leva embora? Ela vai acabar me mordendo.

– Parece – disse Billy ao cavalo – que nosso amigo Duas Caudas tem medo de muitas coisas. Agora, se eu tivesse uma refeição completa para cada cachorro que chutei pelo caminho, eu estaria tão gordo quando o Duas Caudas.

Eu assobiei e Raposinha correu até mim, coberta de lama, e me lambeu o nariz contando uma longa história sobre como me procurou por todo o acampamento. Não deixei ela saber que eu entendia a língua dos animais, ou ela teria tomado algumas liberdades. Eu a coloquei dentro do meu sobretudo e Duas Caudas se remexeu, bateu as patas no chão e resmungou para si mesmo.

– Extraordinário! Muito extraordinário – ele disse. – É herança da minha família. Agora, para onde aquele animal repugnante foi?

Pude escutá-lo tateando o chão com a tromba.

– Todos nós somos afetados de diversas maneiras – ele continuou, assoando o nariz.

– Vocês, cavalheiros, ficaram assustados quando barri, acredito eu.

– Não exatamente assustados, – disse o cavalo da tropa –, mas senti como se tivesse vespas no lugar da sela. Não faça isso de novo.

– Eu tenho medo da cachorrinha, e o camelo aqui tem medo dos pesadelos que ele tem a noite.

– É muita sorte nossa que não temos que lutar da mesma maneira – disse o cavalo.

– O que eu quero saber – disse a jovem mula, que estava quieta fazia muito tempo –, o que eu quero saber é por que temos que lutar?

– Porque mandaram – respondeu o cavalo, bufando com desprezo.

– São ordens – disse Billy, estalando os dentes.

– *Hukm hai*! (É uma ordem) – disse o camelo balbuciando, e Duas Caudas e os bois repetiram:

– *Hukm hai!*

– Sim, mas quem dá as ordens? – perguntou a mula.

– O homem que anda à sua frente, ou senta nas suas costas, ou segura a corda presa no focinho, ou que torce sua cauda – responderam os animais em sequência.

– Mas quem dá as ordens a eles?

– Agora você já quer saber demais, jovenzinho – disse Billy –, e assim vai levar um coice. Tudo o que você tem que fazer é obedecer ao homem que está à sua frente e não fazer perguntas.

O Livro da Selva

– Ele está certo – disse Duas Caudas. – Eu não posso obedecer sempre porque estou entre uma coisa e outra, mas Billy está certo. Obedeça ao homem que dá ordens próximo de você ou vai acabar parando toda a bateria e acabará levando uma surra.

Os bois se levantaram para ir embora.

– A manhã está chegando – eles disseram. – Vamos voltar para nossas fileiras. É verdade que só vemos o que está fora da nossa cabeça e não somos muito espertos, mas ainda assim, somos as únicas criaturas esta noite que não ficaram com medo. Boa noite, criaturas corajosas.

Ninguém respondeu e o cavalo da tropa disse, para mudar o tópico da conversa:

– Onde está a cachorrinha? Um cachorro indica que há um homem por perto.

– Estou aqui – latiu Raposinha –, embaixo da base do canhão com o meu humano.

Você, seu camelo desastrado, você destruiu nossa tenda. Meu humano está muito irritado.

– Vixe! – disseram os bois. – Ele deve ser branco!

– Claro que ele é – disse Raposinha. – Você acha que eu protejo um condutor de bois negro?

– Huah! Ouch! Ugh! – disseram os bois. – Vamos embora desse lugar, rápido.

Os bois dispararam na frente, na lama, e conseguiram de alguma maneira prender o jugo no poste de um vagão de munições, e lá ficaram emperrados.

– Agora vocês conseguiram – disse Billy calmamente. – Não tentem se soltar. Ficarão presos até o amanhecer. Qual é o problema?

Os bois ficaram bufando e sibilando como o gado indiano fica, e empurraram, puxaram, rodaram, bateram as patas e escorregaram quase caindo na lama. Eles resmungaram selvagemente.

– Vocês vão quebrar o pescoço logo, logo – disse o cavalo da tropa. – Qual é o problema com os homens brancos? Eu vivo com eles.

Rudyard Kipling

– Eles vão nos comer! Puxe! – disse um dos bois.

O jugo estalou com um som metálico e eles se soltaram juntos.

Nunca soube antes o que deixava o gado indiano com tanto medo dos homens. Nós comemos carne, algo que nenhum condutor de bois come, e é claro que o gado não gosta disso.

– Que eu seja chicoteado com meu próprio arreio, mas nunca imaginei que dois grandalhões como aqueles perderiam a cabeça – disse Billy.

– Deixe isso para lá. Vou procurar esse homem. A maioria dos homens brancos, eu sei, tem coisas nos bolsos – disse o cavalo.

– Vou deixar você ir então. Não posso dizer que sou muito fã deles. Além disso, um homem branco que não tem onde dormir tem mais chances de ser um ladrão. E eu tenho uma carga que é propriedade do governo nas minhas costas. Venha, jovenzinho, vamos voltar para os nossos celeiros. Boa noite, Austrália. Vejo você na marcha amanhã, eu acho. Boa noite, velho Fardo de Feno. Tente controlar suas emoções, tudo bem? Boa noite, Duas Caudas. Se você passar por nós amanhã, não dê um barrido. Isso bagunça a formação.

Billy, a mula, saiu andando com o passo arrogante de um velho soldado, enquanto a cabeça do cavalo fuçava meu peito. Dei a ele alguns biscoitos, e Raposinha, que é uma cachorra muito convencida, contava a ele mentiras sobre os muitos cavalos que tínhamos.

– Eu vou para a marcha amanhã no meu carrinho de cachorro – ela disse. – Onde você vai estar?

– No lado esquerdo do segundo esquadrão. Eu que decido o ritmo de toda a minha tropa, senhorita – ele disse educadamente. – Mas agora tenho que voltar para o Dick. Minha cauda está cheia de lama e ele terá duas horas de trabalho duro me arrumando para a marcha.

A grande marcha de todos os trinta mil homens estava marcada para aquela tarde, e Raposinha e eu tínhamos um lugar muito bom perto do vice-rei e do emir do Afeganistão, que usava um grande chapéu preto feito de lã de carneiro com um diamante enorme no meio. A primeira parte da marcha foi feita sob sol forte, e os regimentos passaram em

O Livro da Selva

ondas de pernas se movendo juntas e canhões enfileirados, até nossos olhos ficarem cansados. E então a cavalaria veio, cantando a música de Bonnie Dundee, e Raposinha levantou as orelhas de onde estava no carrinho.

O segundo esquadrão dos lanceiros apareceu e lá estava o Cavalo da Tropa, com a cauda feito seda, a cabeça encostada ao peito, uma orelha esticada e outra abaixada, marcando o tempo de toda a sua tropa. Suas patas caminhavam tão suavemente quanto uma valsa. Então os grandes canhões vieram e eu vi Duas Caudas e outros dois elefantes amarrados em fila a um canhão de vinte quilos, enquanto vinte jugos de bois andavam atrás deles. O par número sete tinha um novo arreio, e eles pareciam cansados e andavam de maneira dura. Por fim vieram os montadores de canhões, e Billy andava como se comandasse todas as tropas. Seu arreio estava tão lubrificado e polido que até brilhava. Eu dei um olá para Billy, mas ele não olhou para os lados.

A chuva começou a cair e por um momento estava tudo muito enevoado para ver para o que as tropas estavam fazendo. Eles haviam feito um meio círculo pela planície e estavam se espalhando em uma fila que cresceu e cresceu, até ter mais de um quilômetro de comprimento de ponta a ponta. Uma parede sólida de homens, cavalos e armas. Então a fila veio em direção ao vice-rei e ao emir. Conforme ela se aproximava, o chão começou a tremer como o deque de um navio quando os motores estão funcionando a todo vapor.

A menos que você tenha estado lá, não pode imaginar quão assustador foi esse efeito para os espectadores, mesmo que soubessem que era apenas uma marcha de demonstração. Eu olhei para o emir. Até então, ele não havia demonstrado nenhum sinal de surpresa ou algo do tipo. Mas agora seus olhos cresciam cada vez mais, e ele pegou as rédeas do seu cavalo, olhando para trás. Por um minuto pareceu que estava prestes a sacar sua espada e abrir caminho por entre homens e mulheres nas carruagens que estavam atrás. E então a marcha terminou, o chão parou de tremer e a fileira toda fez uma saudação. Em seguida, trinta bandas começaram a tocar juntas.

Esse era o fim da marcha de apresentação e os regimentos foram embora para seus acampamentos na chuva. Uma banda da infantaria começou a tocar:

Os animais entraram dois a dois, Hurrah!
Os animais entraram dois a dois,
O elefante primeiro, a mula depois,
Todo entraram na arca,
Para fugir da chuva!

Depois, ouvi um velho chefe da Ásia Central de cabelos longos e grisalhos, que tinha vindo com o emir, fazer perguntas a um oficial nativo.

– Agora – ele disse – de que maneira essa coisa maravilhosa foi feita? E o oficial respondeu:

– Uma ordem foi dada e eles obedeceram.

– Mas os animais são tão espertos quanto os homens? – perguntou o chefe.

– Eles obedecem, assim como os homens. Mula, cavalo, elefante ou boi obedecem ao condutor. O condutor obedece ao sargento, o sargento ao tenente, o tenente ao capitão, o capitão ao major, o major ao coronel, o coronel ao brigadeiro, comandando três regimentos. O brigadeiro obedece ao general, que obedece ao vice-rei, que é servo da imperatriz. É assim que tudo é feito.

– Quem dera fosse assim no Afeganistão – disse o chefe –, porque lá só obedecemos às nossas próprias vontades.

– É por essa razão – disse o oficial nativo, curvando seu bigode – que o seu emir, a quem vocês não obedecem, teve que vir aqui receber ordens do vice-rei.

A canção de marcha dos animais do acampamento

ELEFANTES DA EQUIPE DE CANHÕES
Emprestamos a força de Hércules para Alexandre,
A agilidade dos nossos joelhos e nossa sabedoria tão grande.
Nos curvamos em serviço, e não seremos mais livres.
Abram caminho para o mais pesado dos times,
O trem do Canhão de Guerra!

BOIS DE ARTILHARIA
Os heróis com arreios evitam as balas de canhão,
E a pólvora os dispersa feito multidão,
Entramos em ação e o canhão nós puxamos,
Abram caminho pois com o jugo carregamos,
O trem do Canhão de Guerra!

RUDYARD KIPLING

CAVALOS DA CAVALARIA

Pelas marcas nos meus ombros, a mais bonita das canções
É tocada pelos lanceiros, hussardos e dragões,
Mais doce que a água fresca que sacia,
É Bonnie Dundee, a canção da cavalaria.
Nos deem comida, cuidados e um estábulo coberto,
Nos deem bons condutores e onde correr a céu aberto,
Organizem-nos em colunas de esquadrão e vejam,
Que cantando Bonnie Dundee os cavalos festejam.

MULAS DE MONTAR CANHÕES

Meus companheiros e eu subimos a colina com firmeza,
No meio de pedras rolando, cumprimos essa proeza.
Pois ziguezagueamos e subimos em todos os lugares,
É um prazer estar tão alto e respirar novos ares.

Boa sorte para os sargentos que nos deixam escolher a estrada,
E má-sorte para aqueles que deixam a carga muito carregada,
Pois ziguezagueamos e subimos em todos os lugares,
É um prazer estar tão alto e respirar novos ares.

CAMELOS DO COMISSARIADO

Não temos uma canção só nossa,
Que nos tire dessa fossa,
Mas cada pescoço é um trombone com cabelos
(Rá-tá-tá- É um trombone com cabelos)
E essa é a nova canção da tropa dos Camelos:
Não podemos! Não queremos! Não devemos! Não iremos!
Passe adiante esta linha!
A carga de alguém caiu no caminho,
Pena que não foi a minha!
A carga de alguém caiu na estrada,
Vão ter gritos e uma briga danada,
Urrr! Yarrh! Grr! Arrh!
A carga já foi encontrada.

TODOS OS ANIMAIS JUNTOS

Nós somos Filhos do Acampamento,
Cada um servindo seu próprio regimento;
Filhos do jugo e do aguilhão,
Das cargas, arreios e selas que nos dão.
Veja nossa fileira caminhando pelo prado,
Como um fio que nunca foi envergado,
Trotando e cantando em meio à terra,
Todos guiando o caminho para a guerra!
Enquanto o homem que caminha ao nosso lado,
Segue sujo, abatido e calado.
Não sabem dizer por que todos nós
Continuamos nessa marcha atroz
Nós somos Filhos do Acampamento,
Cada um servindo seu próprio regimento;
Filhos do jugo e do aguilhão
Das cargas, arreios e selas que nos dão.